Carolin Werner

Mein Jahr Neuseeland

Bibliografische Information der Deutschen Nationalbibliothek:

Die Deutsche Nationalbibliothek verzeichnet diese Publikation in der Deutschen Natio-nalbibliografie; detaillierte bibliografische Daten sind im Internet über http://dnb.d-nb.de abrufbar.

Impressum:

Lektorat: Veronica Maier, Peter Schmid-Meil

Copyright © 2012 GRIN & Travel

Ein Imprint der GRIN Verlag GmbH

Der Traum Neuseeland

Begonnen hatte mein Traum von einer Neuseelandreise eigentlich schon sehr früh. Der Gedanke an eine Auslandsreise kam mir zum ersten Mal nach dem Abitur und auch die vage Idee, dass dieses „Ausland" Neuseeland sein könnte. Aber ich verwarf die Pläne ziemlich schnell wieder, da mir der Mut fehlte und begann stattdessen mit meiner Ausbildung. Erst acht Jahre später sollte ich diese Idee tatsächlich in die Tat umsetzen. Nachdem immer wieder etwas dazwischengekommen war – nicht genug Geld, neuer Job, neue Wohnung etc. – und ich nie die Courage hatte es durchzuziehen, war es im März 2010 endlich soweit: Ich flog nach Neuseeland. Aber davor hatte ich noch jede Menge zu erledigen.

Reisevorbereitungen für ein Jahr Work & Travel

Es war von Anfang an mein Plan, mindestens ein Jahr nach Neuseeland zu gehen, und die Reise zumindest zum Teil per Work & Travel zu finanzieren. Damit ich vor Ort wenigstens ein bisschen Unterstützung erhalten und nicht komplett auf mich allein gestellt sein würde, entschied ich mich, mein Auslandsjahr über TravelWorks (www.travelworks.de) zu organisieren. Diese Organisation half mir bei den Vorbereitungen und so konnte ich einiges an Zeit und Nerven sparen.

Was ihr in Neuseeland braucht

Ich konnte über sie die Flüge und die Krankenversicherung buchen sowie die ersten beiden Nächte im Hostel. Außerdem halfen sie mir in Neuseeland beim Eröffnen eines Bankkontos und der Beantragung der Steuernummer. Ich fand auch schnell Anschluss zu anderen Mitreisenden, da über die TravelWorks sozusagen Sammelflüge organisiert wurden. Man trifft also schon vor der Abreise neue Leute und muss nicht alleine fliegen.

An sich finde ich das eine Superidee, aber es hat halt seinen Preis. Für Reise-Neulinge ist es eigentlich nur dann zu empfehlen, wenn man – so wie ich –

ziemlich unorganisiert ist. Es gibt noch genug andere Dinge, um die man sich kümmern muss. Das Visum zum Beispiel wird für Neuseeland im Internet direkt bei der neuseeländischen Regierung „bestellt"

(www.immigration.govt.nz).

Was ihr vor der Abreise beachten solltet

Darüber hinaus gibt es ja auch in Deutschland noch so viel zu organisieren. Wohnt man wie ich nicht mehr bei den Eltern, muss man sich zum Beispiel Gedanken darüber machen, wo man seine Möbel für das Jahr unterbringt, falls man seine Wohnung auflöst. Man darf auch nicht vergessen, den Mietvertrag rechtzeitig zu kündigen und den Wohnsitz abzumelden! Oder vielleicht ist es grundsätzlich besser, sich einen Untermieter zu suchen? Überlegt euch frühzeitig, was für euch am besten ist. Wenn ihr euch allerdings bei der GEZ abmelden wollt, müsst ihr schon euren Fernseher verkaufen, ansonsten dürft ihr brav weiterzahlen, denn ihr besitzt den Fernseher ja noch und könntet ihn theoretisch weiter nutzen. Das ist zwar eine verquere Logik, aber so ist es mir ergangen. Und die wollen auch den Kaufvertrag sehen, außer ihr verkauft den Fernseher auf dem Flohmarkt.

Abmelden sollte man sich auch bei der Krankenkasse oder zum Beispiel der Hausratsversicherung, die sind sonst nur ein finanzieller Klotz am Bein. Und natürlich das Wichtigste: Kündigt rechtzeitig eure Arbeitsstelle, außer ihr habt die Möglichkeit, unbezahlten Urlaub oder ein Sabbatical zu nehmen. Denkt auch daran euch arbeitslos zu melden und mitzuteilen, dass ihr ein Jahr lang im Ausland sein werdet.

Ja, und auch das Reisegepäck will geplant sein. Man braucht Kleidung für ein Jahr und in Neuseeland kann es richtig kalt werden, packt also auch warme Klamotten mit ein. Allerdings sollte es auch nicht zu viel werden, denn man muss das ja alles ein Jahr lang mit sich rumschleppen! Also nie mehr einpacken, als man alleine tragen kann. Auch festes Schuhwerk und eine kleine Reiseapotheke dürfen nicht fehlen.

Falls ihr einen Computer mitnehmen wollt, empfiehlt sich ein Netbook. Diese Geräte sind schön klein, leicht und genügen vollkommen für die Reise. Den

Fotoapparat sollte man natürlich auch nicht vergessen, man will ja schließlich Erinnerungen an den ganzen Spaß haben! Und nachdem ich das alles erledigt und eingepackt hatte, konnte es für mich endlich, endlich losgehen, ins Abenteuer Neuseeland!

Reisestress und die Ankunft in Auckland

2. März - 4. März 2010

Oh Mann! Das war mal 'ne Reise! Erst die Zugfahrt nach Frankfurt, die ich dank eines Mitreisenden, der auch in der TravelWorks-Gruppe dabei war und von München losfuhr, doch recht entspannt angehen konnte, und anschließend die ewig langen Flüge.

In Frankfurt angekommen, traf ich nach und nach alle anderen Work-and-Travel-Teilnehmer. Leider war ich zu diesem Zeitpunkt noch zu schüchtern, aufgeregt oder müde – vielleicht war es auch eine Kombination aus allem –, um wirklich mit jemandem ins Gespräch zu kommen. Insgesamt waren wir jedenfalls ungefähr 50 Leute, 30 von ihnen flogen nach Neuseeland und 20 nach Australien. Nach zwölf Stunden Flug trennten sich unsere Wege in Seoul wieder, denn die „Australier" flogen weiter nach Brisbane – glaube ich zumindest –, wir reisten dagegen weiter nach Auckland. Dieser Flug dauerte noch mal zehn Stunden, somit war ich insgesamt fast 30 Stunden unterwegs, ohne die Zwischenstopps mitzurechnen. Richtig geschlafen habe ich nur auf dem ersten Flug nach Seoul, nach Auckland konnte ich nur noch vor mich hin dösen.

Am Flughafen in Auckland gab es Verzögerungen, weil etwas mit den Visa von mir und ein paar anderen aus der Gruppe nicht ganz stimmte, wobei ich ehrlich keine Ahnung habe, was das genau war. Die Visa wurden uns mit den Worten „Ah, German!" aus der Hand genommen, und wir sollten unsere Pässe mitgeben und warten. Nach einiger Zeit kamen die Beamten wieder, drückten uns die Pässe in die Hand und ließen uns einreisen. Mein Englisch ist ja nicht schlecht und ich hätte den Beamten sicher verstanden, aber erklärt hat uns leider keiner was. Ich muss jedoch zugeben, dass ich nach den langen Flügen auch nicht daran dachte, selbst nachzufragen, ich war einfach nur froh, endlich ins Land zu können und wollte nur noch in unser Hostel.

Nachdem das endlich geklärt war, mussten wir noch durch den Zoll und waren endlich da! Es war heiß und unser Shuttle fuhr uns zuerst zum Mount Eden, einem der inaktiven Vulkane im Stadtgebiet von Auckland. Wir wurden bis zum Gipfel raufgefahren und konnten dort den 360°-Ausblick auf Auckland genießen. Der alte Krater des Vulkans darf allerdings nicht betreten werden, da er für die Maori ein heiliger Ort ist.

Nach dem Ausflug auf den Vulkan ging es weiter zum Hostel, das mitten in der Innenstadt lag. Von dort aus konnte jeder, der wollte, am Nachmittag gleich noch mit runter zu einem der Stadtstrände von Auckland fahren. Das haben wir uns natürlich nicht nehmen lassen und sind, trotz Jetlags, wieder in den Bus eingestiegen! Es war ein typischer Stadtstrand, mit Promenade und eigentlich nichts Besonderes, aber der Sand war fast weiß und ganz fein. Leider hatte irgendwie keiner von uns an Sonnencreme gedacht, deshalb sind wir nicht lange im Bikini sitzen geblieben, was uns jedoch nicht davor bewahrte, ein bisschen viel Sonne abzubekommen. Am nächsten Tag war das Rot auf der Haut deutlich zu sehen, trotzdem war es einfach geil am Strand!

Auckland: Aussicht von Mount Eden.

Am Freitag bekamen wir als erstes eine kleine Einführung in Sachen Bankkonto und Steuernummer. Direkt im Anschluss haben wir Letztere beantragt, ein Konto bei der Kiwi Bank eröffnet und ich habe mir noch ein Netbook gekauft. Eigentlich hatte ich mir vorgenommen, dieses Jahr so weit wie möglich ohne Computer zu verbringen. Ich stellte aber schon in den ersten Tagen fest, dass es einerseits logistisch nicht möglich war – ich wollte mein Internetbanking einfach nicht im Internetcafé abwickeln –, und ich andererseits ein zu großer Internet- und Computerjunkie bin. Deshalb also ein Netbook, das hat die richtige Größe und wiegt auch nicht so viel. Perfekt zum Reisen.

Tja, und schon war es fast halb fünf und wir hatten noch keine Ahnung, wie es weiter geht. Wir wussten eigentlich alle nur, dass wir so schnell wie möglich aus Auckland raus wollten. Die Stadt war zwar schön, aber auch teuer.

Mit dem Stray-Bus auf der Nordinsel unterwegs

05. März - 17. März 2010

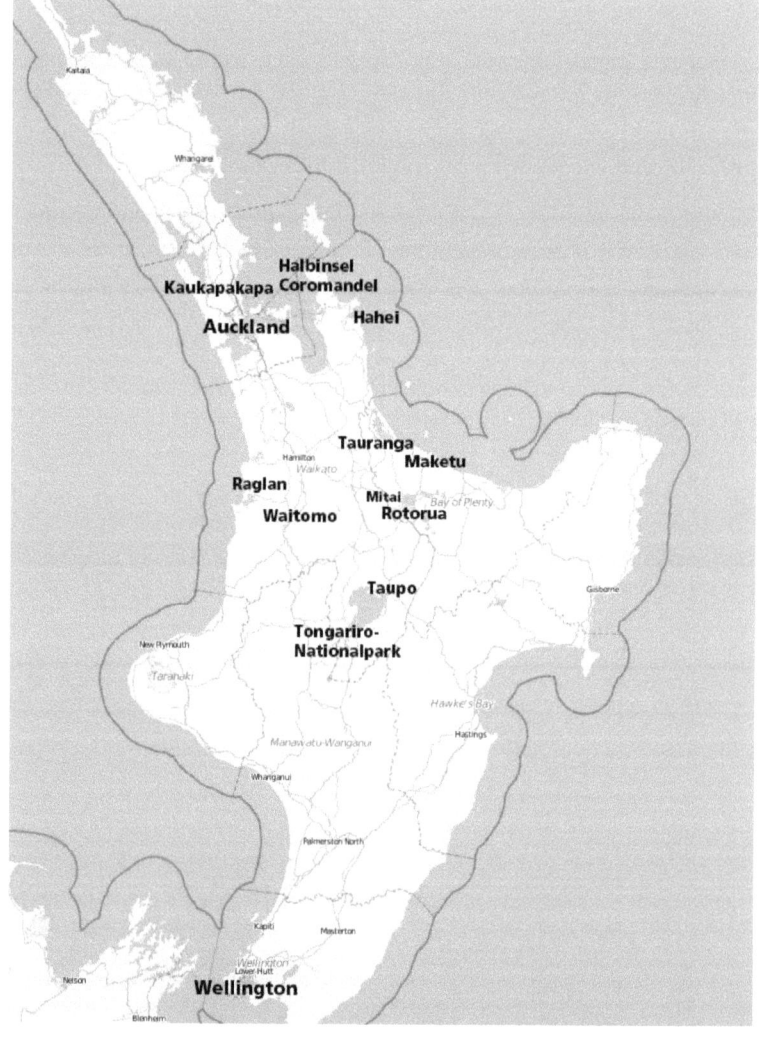

Die Nordinsel Neuseelands. Quelle: OpenStreetMap und Mitwirkende, CC BY-SA

Unsere Gruppe von 30 Work & Travel-Leuten hatte sich inzwischen in kleinere Grüppchen aufgeteilt. „Meine" Gruppe bestand aus Jan, Christina, Sabrina und mir und noch ein paar anderen, die ich aber später nicht noch einmal traf. Für die Weiterreise überlegten sich einige aus den Grüppchen, Vans zu kaufen und damit erst einmal die Nordinsel zu erkunden. Christina, Sabrina, Jan und ich wussten jedoch noch nicht so recht, wie es für uns weitergehen sollte. Ich hätte mir zwar auch gerne einen Van zugelegt, aber allein ist das ziemlich teuer, und irgendwie habe ich in den ersten Tagen auch noch „geschlafen" und war ziemlich entscheidungsschwach. Am Ende lief es dann darauf hinaus, dass Christina, Sabrina, Jan und ich eine Stray-Bus-Tour (www.straytravel.com) für die Nordinsel gebucht haben, die am Samstag losgehen sollte.

Ich nenne Stray ja immer liebevoll „Kaffeefahrt für Jugendliche", denn im Grunde ist das nichts anderes, nur das statt Rheumadecken, Bungee-Jumping und Blackwater Rafting im Angebot sind. Man kann bei Stray unterschiedlich lange Routen buchen und die Strecke dann im Hop-on/Hop-off-Prinzip zurücklegen. Die Busse fahren im Sommer, im Abstand von zwei bis drei Tagen, immer die gleiche Strecke im Kreis. Falls man wenig Zeit hat, kann man mit dem Bus jeden Tag woanders hinreisen. Habt ihr dagegen ein bisschen mehr Zeit, dann bleibt einfach länger an einem Ort und wartet auf den nächsten Bus. Neben Stray gibt es auch noch Kiwi-Experience (www.kiwiexperience.com) – für die richtige Partyjugend – und Magic Traveller (www.magicbus.co.nz) – die etwas gesetztere Variante, auch für Leute ab 40 Jahren geeignet.

Meine Route mit Stray verlief von Auckland über verschiedene Stationen nach Wellington. Vor dem Start erkundeten ein paar Leute und ich noch Aucklands Nachtleben, wobei wir keine Ahnung hatten, wo genau wir eigentlich hinwollten und alle von der Anreise immer noch ziemlich fertig waren. Wir gingen schließlich die Queenstreet, die Hauptstraße in Auckland Central, entlang Richtung Hafen auf der Suche nach einer Bar, von der wir einen Flyer mit einem Freibiergutschein bekommen hatten. Als wir am Hafen ankamen, war dort ganz schön was los. Da die Jungs allerdings in kurzen Hosen unterwegs waren, kamen wir leider nicht überall rein. Schlussendlich haben wir dann die Bar gefunden, nur ganz ehrlich: Ich weiß nicht einmal mehr, wie diese Bar hieß. Aber es war trotzdem ein netter Abend.

Der nächste Morgen begann mit einem Schock: Wo zum Teufel hatte ich die Schlüssel für mein Vorhängeschloss hin, mit dem ich meine Wertsachen eingeschlossen hatte? Nach langer Suche im Dunkeln – es war erst 6 Uhr morgens, da der Stray-Bus um 7:30 Uhr vorm Hostel abfahren sollte – gab ich auf und knackte das Schloss mit einer Zange. Tja, zwei Tage später fand ich die Schlüssel dann in meinem Waschbeutel – ich dachte wohl am Abend zuvor, dass das ein guter Platz wäre. Egal, als wir dann endlich im Bus saßen, war es einfach nur spannend endlich in Neuseeland unterwegs zu sein.

Barbecue am Strand und leuchtende Höhlen

Als Erstes ging es auf die Halbinsel Coromandel nach Hahei. Hahei Beach selbst war ein super Strand mit Riesenwellen, in die Sabrina und ich uns erst mal stürzten. Danach wanderten wir ein wenig durch die Gegend und schossen jede Menge Fotos vom Strand und der atemberaubenden Landschaft. Mich hat es in diesem Moment einfach umgehauen, als mir bewusst wurde, dass ich noch vor ein paar Tagen im kalten Deutschland gewesen war und jetzt hier am Strand spazieren ging.

Am Abend gab es für uns Barbecue mit gegrillten Würstchen, die absolut grauenhaft schmeckten. Dafür waren die Hähnchenkeulen superlecker. Und die Salate erst! Und das Beste war, dass wir außer essen nichts machen mussten, denn am Grill stand Rob, unser Busfahrer. Am selben Abend lernte ich auch Veronika kennen, die ebenfalls mit Stray unterwegs war. Sie war von Hahei so begeistert, dass sie gleich am ersten Tag ihren Aufenthalt verlängert und auf den nächsten, unseren Bus, gewartet hatte, um weiterzufahren. Nach dem Barbecue haben wir zusammen, bei einem Nachtspaziergang am Strand, den sagenhaften Sternenhimmel bewundert. Das war echt der Hammer! So viele Sterne hatte ich schon lange nicht mehr gesehen. Da wir auf der anderen Seite der Erde waren, erkannte ich leider fast keine Sternbilder. Ich meine mich an Orion zu erinnern, aber ich bin eine echte Astronomie-Niete, obwohl meine Physiklehrerin mir das damals in der Schule alles so schön erklärt hatte. Die Milchstraße war dort auf jeden Fall besser zu sehen, als in heimischen Gefilden. Außerdem gab es ein kleines Feuerwerk, weil ein Paar an dem Tag in Hahei geheiratet hatte.

Am folgenden Sonntag sind wir schon um 6 Uhr morgens aufgestanden, weil wir den Sonnenaufgang sehen wollten. Wir stiegen auf einen kleinen Hügel, auf dem früher einmal ein Pa, ein Maori-Dorf, gewesen war. Heute sieht man davon nur noch die ins Erdreich gegrabenen Stufen. Von Weitem wirkte das mit dem hohen Grasbewuchs wie Wellen auf dem Meer. An dieser Stelle haben wir gewartet, da wir nicht wussten, wann genau die Sonne an diesem Morgen aufgehen würde. Und das Warten hat sich gelohnt! Es war ein wunderschöner erster bewusst erlebter Sonnenaufgang in Neuseeland, dem noch viele folgen sollten.

Sonnenaufgang in Hahei.

Surferstadt Raglan

Nach unserem „Sonnengruß" am Sonntagmorgen ging es quer über die Insel nach Raglan an der Westküste. Raglan ist die Surferstadt in Neuseeland. Wir hätten dort auch einen Surf-Kurs belegen können, aber das war mir ein bisschen zu teuer. An den genauen Preis kann ich mich nicht mehr erinnern, aber es waren definitiv mehr als 100 New Zealand Dollar und da Surfen nicht auf meiner To-do-Liste stand, wollte ich mir das lieber sparen. Außerdem waren die Wellen an dem Tag auch nicht so der „Burner" – wie Christina immer sagte.

Auf dem Weg nach Raglan saß ich übrigens neben einem Deutschen, der bereits seit über einem Jahr unterwegs war und meinte, er wüsste schon gar nicht mehr, wie der Euro so aussieht. Damit er es nicht ganz vergisst, bevor er wieder heimatlichen Boden betritt, habe ich ihm dann mal ein 2-Euro-Stück gezeigt, das ich noch in der Tasche hatte.

Da das Karioi-Hostel, in dem wir an diesem Tag blieben, ziemlich weit außerhalb (8 km) Raglans lag, fuhr uns Busfahrer Rob am Nachmittag wahlweise wieder zurück in die Stadt oder an den Strand. Zusammen mit Albert, Christina und Sabrina war ich also in Raglan unterwegs und besorgte mir Flipflops, mobiles Internet und eine Aufladekarte fürs Handy. Die restliche Zeit saßen wir am Stadtstrand von Raglan und haben gequatscht und Eis gegessen bis uns Rob wieder abgeholte.

Das Backpacker-Hostel selbst war, obwohl es so weit außerhalb lag, ziemlich cool. Man hatte das Gefühl mitten im Busch zu sein, da nur eine Straße zu dem Hostel führte, das sich in einem Tal befand. Die Hostelgebäude waren umgeben von Dschungel, man musste nur zehn Schritte gehen und stand im Busch, der so dicht war, dass man auch das Hostel nicht mehr sehen konnte. Man sollte daher auch nie die vorgegebenen Buschpfade verlassen, denn es besteht akute Gefahr, sich zu verlaufen. Neben der gängigen Ausstattung gab es auch einen Billardtisch in dieser Unterkunft. Es war sehr amüsant, den Herren und Damen beim Spielen zuzusehen, da jedes Spiel mit lautstarken Sprüchen über die Billardfähigkeiten des jeweils anderen Geschlechts „gewürzt" wurde. Rob verwöhnte uns währenddessen mit Gemüse-Würstl-Eintopf und Bratkartoffeln.

Nach Osten zu den Maori

Maori-Tanzkurs in Maketu

Unser nächstes Ziel war Maketu an der Ostküste. Von Montag auf Dienstag haben wir dort bei Uncle Boy (http://uncleboysplace.com/) übernachtet, dort wird einem die Maori-Kultur auf sehr amüsante Weise nahe gebracht. Schon die Begrüßung war etwas Besonderes: Es wurde aus unserer Gruppe ein Anführer gewählt, und ein paar „Krieger" – in diesem Fall zwei Neffen von Uncle Boy – versuchten ihn einzuschüchtern, da er ja als Anführer eines fremden Stammes kam, also als potenzieller Feind. Die Krieger boten ihm ein kleines Geschenk an und sobald er es angenommen hatte, wurden wir als befreundeter Stamm aufgenommen und mit einem „Nasendrücker" begrüßt. Ich fand das richtig toll!

Wir bekamen typisches Maori-Essen serviert und einen Kulturabend mit Tanz- und Gesangsvorführung zum Mitmachen geboten. Wir Mädels haben einen Poi-Tanz gelernt – Pois sind kleine Bällchen an Schnüren. Ihr kennt das vielleicht als Sport- und Freizeitgerät, bestehend aus Bällen, Gewichten mit Tüchern oder Feuerkugeln am Ende einer etwa armlangen Schnur. Ursprünglich kommen „unsere" Pois allerdings von den Maori- Frauen, die eben kleine Säckchen gefüllt mit Körnern an ca. 30 cm lange Schnüre banden und damit tanzten. Wir Anfänger bekamen erst mal nur einen Poi, richtige Profis haben dagegen zwei oder drei, die dann beim Tanzen herumgewirbelt werden – über dem Kopf, vor oder neben dem Körper, in jeder nur erdenklichen Position.

Poi-Tanz in Maketu.

Und hier der Link zum Tanz-Video auf youtube:

http://www.youtube.com/watch?feature=player_embedded&v=V8wmd89HnQ
8#!

Die Jungs dagegen lernten den Haka – einen Kriegstanz der Maori. Ein Tanz also, der den Gegner beeindrucken und verängstigen soll. Dementsprechend laut wird dabei geschrien und getrampelt. Außerdem werden furchterregende Fratzen gezogen, mit weit aufgerissenen Augen und gebleckter Zunge. Unsere Nachtruhe haben wir, nach dieser körperlichen Ertüchtigung in Maketu, alle in der Versammlungshalle auf Matratzen am Boden verbracht.

Leuchtende Höhlen in Waitomo

Unser nächster Stopp war Waitomo, dort sind die bekannten Glühwürmchen-Höhlen. Die dortigen Insekten sind keine Glühwürmchen, wie wir sie kennen, sondern sie gehören wohl zu einer Mückenart, deren Larven an der Decke von

Höhlen kleben und Spinnfäden herunterhängen lassen, in denen sich dann ihre Opfer verfangen. Und eben diese Fäden leuchten im Dunkeln.

Veronika und ich haben die Spellbound-Tour (http://www.glowworm.co.nz/) gemacht, das heißt wir haben uns eine der „Glühlarven"-Höhlen angesehen – das war echt der Hammer. Wenn man in die Höhle kommt, dann sieht man erst einmal gar nichts und nach und nach erkennt man immer mehr von den Glühfäden an der Decke. Das sieht fast aus, wie ein Sternenhimmel in der Höhle.

Die Decke der Glühwürmchen-Höhlen in Waitomo. Quelle: Spellbound/Peter Chandler

Die klebrigen Tropfen an den Spinnfäden. Quelle: Spellbound/Peter Chandler

Die Spinnfäden der Glühlarven und der Sohn des Tourleiters.
Quelle: Spellbound/Peter Chandler

Schwefel in Rotorua

Am nächsten Tag ging es für uns über Rotorua weiter nach Taupo. In Rotorua haben wir mittags Pause gemacht. Leider hatte es mich in der Nacht in Maketu erkältungsmäßig total erwischt, ich glaube, ich hatte sogar Fieber. Auf jeden Fall bekam ich am Dienstag Halsschmerzen und Husten. Nerv! Trotzdem habe ich es mir nicht nehmen lassen, mit Jan und Veronika durch Rotoruas Stadtpark zu laufen, in dem es jede Menge heißer Schwefel-Schlammlöcher zu bewundern gab. An den Geruch musste man sich allerdings erst gewöhnen und irgendwie dachte ich immer an meine alte Chemielehrerin, die mindestens dreimal im Jahr fragte: „Hamma an Schwefe scho gmacht?", um dann jedes Mal den Unterricht abzubrechen, weil es bei dem Versuch so stank.

Sabrina und Christina haben sich in Rotorua von uns verabschiedet, um in Eigenregie in den Osten zu fahren, für den Rest von uns ging es weiter nach Taupo. Zuvor legten wir aber noch einen Zwischenstopp an den Huka-Wasserfällen ein, die – zumindest für mich – eher Stromschnellen waren als Wasserfälle. Der Fluss verengt sich an dieser Stelle ziemlich und es gibt ein kleines Gefälle von ein paar Metern, aber beeindruckend sind sie trotzdem und reinfallen möchte ich wirklich nicht!

In Taupo angekommen, beschlossen Jan, Veronika und ich eine Zeitlang dort zu bleiben, da wir davon genug hatten, jeden Tag woanders zu sein. Wir wollten einfach weniger Stress.

Wasserfälle in Taupo

In Taupo sind wir drei Nächte geblieben, eine im Urban Retreat Hostel und, nachdem ich ein Büschel Haare in meiner frischen (?!) Bettwäsche gefunden hatte, zwei Nächte in der Tiki Lodge. Die Tiki Lodge war echt cool. Wir waren in einem funktional eingerichteten Achtbettzimmer, das tatsächlich ein Fenster hatte, was in den Hostels nicht immer der Fall ist, wie ich schon in Auckland feststellen musste. Die Küche des Hostels war schön geräumig und es gab eine Dachterrasse mit Ausblick auf den Lake Taupo. Superschön!

Am Mittwoch wanderten wir den dortigen Fluss entlang Richtung Huka-Wasserfälle zu den Hot Water Springs. Der Weg ging an einem Bungee-Jumping-Point vorbei und wir konnten einen Sprung „hören". Leider versperrte uns noch eine Wegbiegung die Sicht, deshalb haben wir den Springer nicht gesehen. Allerdings sollte mich dieses Erlebnis am Ende meiner Reise noch einholen!

Bungee-Jumping-Point in Taupo.

Wir selbst haben lieber ganz entspannt in den Hot Water Springs im Fluss gebadet. Rund um Rotorua und Taupo gibt es überall Schwefel- und Heißwasserquellen, da es eine der geothermisch aktivsten Gegenden Neuseelands ist. So fanden sich auch an unserer Badestelle mehrere Zuflüsse heißer Quellen, die sich nach und nach mit dem eiskalten Wasser des Flusses vermischten, sowie mehrere vom Wasser ausgehölte Becken mit verschiedenen Temperaturen, je nachdem wie viel Quell- und wie viel Flusswasser sich darin befand. Da konnte sich jeder aussuchen, wie warm er es verträgt. Und das Beste: Es war völlig umsonst!

Am Abend desselben Tages lernten wir noch einen Deutschen kennen, einen zweiten Jan aus Baden-Württemberg. Die beiden Jans verstanden sich gleich wunderbar und haben Vroni und mich in den Wahnsinn getrieben, weil sie echt über alles diskutieren konnten, zum Beispiel ob man die Karotten für das Abendessen jetzt lieber würfeln oder spalten sollte und die jeweiligen Vor- und Nachteile, die daraus resultieren würden. „Unser" Jan war außerdem ein bisschen langsam, was manchmal ein wenig nervig sein konnte, er hat nämlich für das tatsächliche Karottenschneiden genauso lang gebraucht, wie der Rest von uns für das komplette Kochen.

Am Donnerstag sind die Jans und Veronika zu einem richtigen Schwefelpark mit Geysiren und Schwefelbecken getrampt. So etwas Ähnliches hatten wir ja schon im Rotorua Stadtpark gesehen, nur ohne Geysire. Da Schwefel für mich jetzt nicht so interessant war, bin ich in der Lodge geblieben, habe geschlafen und im Internet gesurft, außerdem fühlte ich mich einfach schlecht, weil ich jetzt wirklich Husten und Fieber hatte.

Nächstes Ziel: Tongariro National Park

Ein Dorf namens National Park

Jan und Jan zogen am Freitag Richtung Norden und für Vroni und mich ging es mit dem Stray-Bus weiter nach National Park, einem kleinen „Dorf" am Tongariro National Park. Wobei der Begriff Dorf schon übertrieben ist, das war eine Tankstelle mit Tante-Emma-Laden und ein paar Backpacker-Hostels an einer Straßenkreuzung.

Das Tongariro Alpine Crossing, das wir uns vorgenommen hatten, konnten wir leider nicht gleich am Freitag machen, da das Wetter zu schlecht und es somit zu risikoreich war, also entschlossen wir uns etwas länger zu bleiben. Das Tongariro Alpine Crossing ist eine Wanderung quer durch den Tongariro National Park. Man marschiert dort am Mount Ngauruhoe vorbei und an den Hängen des namensgebenden Mount Tongariro entlang, bevor es wieder ins Tal zurückgeht.

Am Samstag haben wir es dann doch gewagt, insgesamt legten wir 19,4 km mit etwas über 1.000 Höhenmetern in ca. sieben Stunden zurück und dabei war das Wetter nicht ohne!

Ansonsten bleibt zu sagen: Veronika und ich waren wirklich auf alles vorbereitet und das war gut so. Ich hatte meine Strumpfhose an, darüber eine 3/4-Hose und oben drüber meine Regenhose und es hat mich trotzdem manchmal noch gefroren. Die meiste Zeit der Wanderung liefen wir in den Wolken, teilweise war es so windig, dass ich dachte, ich würde jeden Moment weggepustet werden und auch der Aufstieg hatte es in sich. Leider war uns die Aussicht wegen den Wolken bis auf ein paar kurze Augenblicke versperrt. Trotz allem war es ein Erlebnis, das ich nicht missen möchte.

Ich vor den Emerald Lakes, mit für dortige Verhältnisse ziemlich „guter" Sicht.

„Herr der Ringe"-Tour auf dem Mount Ngauruhoe

Am darauffolgenden Sonntagmorgen wollten wir eigentlich mit Stray weiterreisen, aber als wir das Wetter gesehen haben, sind wir geblieben. Es war strahlender Sonnenschein und keine Wolke am Himmel, nicht einmal um die Berggipfel. Veronika buchte daher über das Hostel einen Rundflug – bei Ausflügen bietet es sich wirklich an, sich erst einmal ans Hostel zu wenden, meistens haben die die besten Informationen und Konditionen – und als sie wiederkam, hatte sie die Idee, den Mount Ngauruhoe zu besteigen, für die ich auch gleich Feuer und Flamme war. Wichtige Info für „Herr der Ringe"-Fans: Das ist der Schicksalsberg im Film. Also ging es frisch ans Werk und wir machten uns auf den Weg.

Zunächst mussten wir aber zu dem Berg hinkommen und bis wir das organisiert hatten, war es schon ganz schön spät. Es fuhren keine Shuttles mehr, die hatten wir morgens schon alle verpasst. Also trampten wir zum Ausgangspunkt des Wanderweges, Hitchhiking, wie es auf Englisch heißt, ist in Neuseeland zwar relativ ungefährlich, aber ich würde es trotzdem nie im Leben alleine machen und auch nur tagsüber!

Tatsächlich kamen wir an diesem Tag erst um 13 Uhr richtig los. Der Zeitmangel und mein kaputter Wanderschuh, dessen Sohle mitten auf Mount Doom einfach abfiel, führten dazu, dass wir es nicht ganz bis zum Gipfel schafften. Wir legten also nach drei Viertel unseres Weges eine Pause ein und ich habe versucht die Sohle notdürftig mit einem Haargummi wieder zu befestigen, das hat zumindest für den Abstieg gehalten. Doch trotz aller Widrigkeiten war es ein Supererlebnis, denn die Aussicht war diesmal phänomenal und entschädigte für einige der Strapazen.

Abendlicher Blick auf den Mount Ngauruhoe.

Den Wochenanfang haben wir nach unserer Wanderung eigentlich nur in der Sonne liegend verbracht und unsere Sachen gewaschen. Veronika war zwar noch voller Tatendrang, aber ich war einfach zu fertig, um noch irgendetwas zu unternehmen, vor allem weil sich mein Husten immer noch nicht gebessert hatte.

Gummistiefelweitwurf und weiter nach Wellington

Am Dienstag ging es weiter nach Wellington. Unterwegs haben wir in dem Örtchen Bulls Halt gemacht, in dem alles „incredi-bull" „unbelieva-bull" war. Die Wortspiele mit Bull waren manchmal echt der Hammer!

Die zweite Pause war in Taihape. Und da auch die Kiwis manchmal einen an der Waffel haben, gab es in diesem Ort Trainingsplätze für die offizielle Sportart „Gummistiefelweitwurf" – mit genormten Gummistiefeln und festem Regelwerk! Tja, ein bisschen haben wir uns von dem Irrsinn wohl schon anstecken lassen, denn die meisten aus unserer „Stray-Crew" haben es gewagt und sich im Gummistiefelweitwurf versucht. Und hier ist der Beweis:

Ich beim Gummistiefelweitwurf.

Nach dieser sportlichen Anstrengung ging es weiter nach Wellington. Diese Stadt macht ihrem Beinamen „the windy city" alle Ehre. Die eineinhalb Wochen, die ich hier verbracht habe, waren meist sonnig, zwischenzeitlich regnerisch, aber durchgehend windig. Veronika und ich kamen am 16. März in Wellington an und sahen uns mit dem „St. Patricks Day" konfrontiert. Für die erste Nacht von 16. auf 17. war es kein Problem, einen Platz in einem Sechsbett-Schlafsaal zu bekommen, aber die Nacht von 17. auf 18. war fast komplett ausgebucht, also haben wir uns ein Doppelzimmer geteilt und mal schnell 40 Dollar pro Person bezahlt, wobei das auch kein so großer Unterschied zu einem 30 Dollar Sechsbettsaal ist, wie uns danach klar wurde.

Den St. Patricks Day haben wir ansonsten eigentlich gepflegt ignoriert, denn es gab keine Parade oder wir hatten sie verpasst. Auf unserer kurzen Tour durch Wellingtons Innenstadt haben wir nur einige Pubs gesehen, in denen es ziemlich zuging und es wohl teilweise auch Live-Musik und Tanz gab, aber zum richtig Feiern waren wir beide irgendwie zu fertig.

Picton und „Die Villa"

18. März - 2. Juni 2010

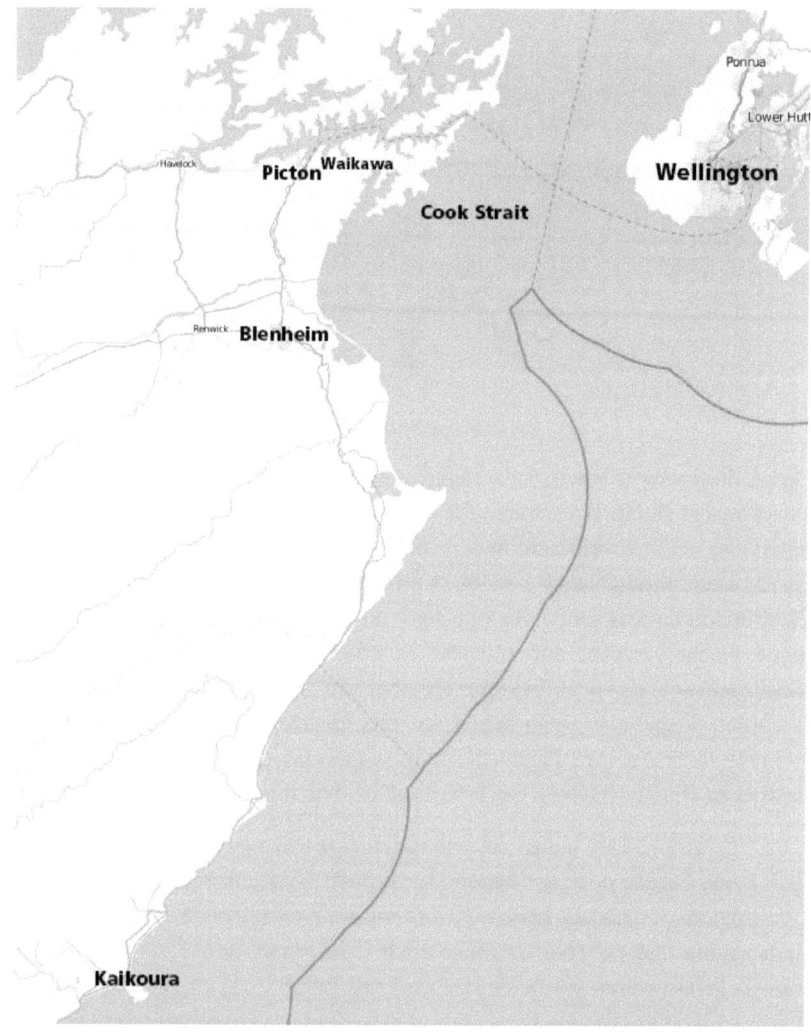

Von Wellington bis Kaikoura. Quelle: OpenStreetMap und Mitwirkende, CC BY-SA

28

Das erste Mal in Wellington

Am nächsten Tag – einem Mittwoch – war Veronika erst einmal alleine unterwegs. In dieser Zeit dachte ich darüber nach, wie meine Reise weitergehen sollte, da Vroni schon am Donnerstag nach Picton auf die Südinsel übersetzen würde. Nach meinen ersten Überlegungen kam ich zu dem Ergebnis, dass ich in Wellington bleiben und mir eventuell sogar Arbeit suchen wollte. Die Tage bis zum Wochenende sollten allerdings noch „Urlaub" für mich sein, was hieß mich bis dahin noch nicht auf die Suche nach Job und Appartement zu begeben.

Bleiben und arbeiten oder weiterreisen?

Ich habe mich also entspannt und war dreimal im Kino um mir „Alice im Wunderland", „Mein Vater, mein Onkel", einen deutschen Dokumentarfilm, dessen Regisseur wir in Taupo bei den Hot Water Springs getroffen hatten und „Remember me" mit Robert Pattinson anzusehen. Und um der bildenden Kunst zu frönen, besuchte ich das neuseeländische Nationalmuseum „Te Papa". Ich wurde allerdings kurz in meinem Entspannungsplan gestört, als ich am Freitag einen Anruf von Veronika erhielt, dass Christina, Sabrina und Jan auch alle in Picton wären und schon begann das Zweifeln, ob ich wirklich in Wellington bleiben wollte. Vorerst blieb es aber bei meinen Plänen, da ich die Unterkunft für eine Woche gebucht und bezahlt hatte.

Leben wie in Deutschland? Nein danke!

Tja, und die Zweifel ließen mich nicht mehr los, am 22. März war es besonders schlimm. Ich hatte die Woche vorher schon einen Comicladen entdeckt, in dem ich auch eine Anzeige von Rollenspielern fand, die nach Spielern suchten, und schon ging die Planung los: Jetzt suchst du dir 'ne WG und Arbeit und dann kannst du mal schauen, ob es hier Kickboxkurse gibt und dann meldest du dich bei diesen Rollenspielern etc. Aber an diesem Tag wurde mir schlagartig klar, dass ich das so gar nicht wollte. Das Leben wäre dann genauso wie in Deutschland gewesen, nur eben nach Neuseeland versetzt. Aber sollte es wirklich weiter nach Picton gehen? Zu den Anderen? Würden die mir vielleicht auf die Nerven gehen, wenn wir länger eng aufeinander hockten? Wäre es besser, allein weiterzureisen? Und dann packte mich natürlich auch noch genau an diesem Tag das Heimweh, wie sollte es auch anders sein. Dieser Tag steht in meinem Kalender unter dem Titel: „Gehen oder Bleiben? a.k.a. Scheißtag", und genau das war er auch.

Besser ging es mir erst am folgenden Dienstag, als dann nach einer langen Skype-Session mit meinen Eltern meine Entscheidung für Picton und Christina, Sabrina und Jan gefallen war. Einen kleinen Schlenker gab es noch mal, als ich eine Anzeige von zwei Deutschen sah, die nach Mitreisenden für die Südinsel suchten. Ich habe mich dann spontan bei Ihnen gemeldet, leider waren sie schon vollbesetzt. Also ging es tatsächlich am Donnerstag, den 25. März mit der Fähre auf die Südinsel nach Picton.

Auf der Fähre, mit Wellington im Hintergrund.

Am Morgen des 25. lernte ich beim Frühstücken noch zwei Jungs kennen, die ebenfalls mit der Bluebridge Ferry übersetzen wollten, die Fahrt haben wir dann zu dritt verbracht. Es ist schon erstaunlich, wie einfach man Leute kennenlernen kann, wenn man sich nur für die drei Stunden Überfahrt zusammenschließt. Die beiden sind auf der Südinsel dann mit dem Stray weiter gefahren und ich machte mich in Picton auf zum Hostel „The Villa", von dem ich wusste, dass dort Christina, Sabrina und Jan wohnten. Tja, und da blieb ich auch erst mal eine ganze Weile.

Nächster Halt: Picton auf der Südinsel

Ein Wiedersehen

Es stellte sich noch am Abend meiner Ankunft heraus, dass ich mich richtig entschieden hatte, nach Picton zu kommen, einfach weil ich mich sofort besser fühlte, als ich nicht mehr allein war. Veronika war zwar leider nicht mehr dort, aber ich habe Sabrina, Christina und Jan wieder getroffen und darüber hinaus noch Eva und Marco aus Berlin kennengelernt. Wir sind gleich am Donnerstagabend in ein Irish Pub mit dem passenden Namen „Irish" gegangen und haben unser Wiedersehen gefeiert. Das Irish ist eine von drei Kneipen, die in Picton länger also bis ein Uhr morgens, offen haben. Dort trat oft eine Live-Band auf, so auch an diesem Abend. Wir haben der Band gelauscht, getanzt, mitgesungen und das Guinness genossen. Es war einfach ein wunderbarer Abend unter Freunden!

Marco und ich im Irish.

Am Freitag bin ich dann durch Picton gelaufen und habe zur Jobsuche meinen Lebenslauf verteilt, was mich so ermüdete, dass ich abends gleich ins Bett fiel. Die Zeit von Samstag bis zum darauffolgenden Montag verlief ähnlich. Gerade Sonntag und Montag waren „lazy days" und so saßen wir Montagabend mit zwei Flaschen Wein im Hof vor einem Lagerfeuer und haben geplaudert.

Delfine und das Meer

Dienstags waren Jan, Eva und ich beim Delfinschwimmen, das war super! Wir sind schon um 8:30 Uhr morgens los zum Hafen und haben dort unsere Wetsuits (leichte Taucheranzüge) entgegengenommen. Anschließend ging es mit dem Boot raus auf die Suche nach Delfinen. Wir sind fast den ganzen Queen-Charlotte-Sound abgefahren – ein Tal, dass vom Meer sozusagen „verschluckt" wurde und jetzt ein bei Seglern beliebter, weil geschützter, Meeresarm ist – bevor wir fündig wurden. Wir trafen auf eine Gruppe von ca. zehn Großen Tümmlern, der durch die Fernsehserie „Flipper" wohl bekanntesten Delfinart. Es war einfach ein super Erlebnis! Wir sind mehrere Male rein und raus aus dem Wasser und dann mit dem Boot hinterher gesaust, weil die Delfine einfach zu schnell schwimmen. Irgendwann hatten sie dann allerdings genug von uns und sind weiter auf die Jagd geschwommen.

Schwimmen mit Delfinen.

Am Abend ging es zum Segeln, wir nahmen an einem der Segelwettbewerbe teil, die im Sommer in der Bucht von Waikawa nahe Picton wöchentlich stattfinden. Katrin, die Managerin der Villa, segelte dort auf einem der Schiffe aktiv mit und wer Lust hatte, konnte sich einer Segelmannschaft anschließen. Viel helfen durften wir zwar nicht, es musste ja alles schnell gehen und dazu braucht man ein eingespieltes Team, aber trotzdem war es ein spannendes Erlebnis. So ein Rennen ist mal was ganz anderes als normales Segeln. Der Tag war einfach genial! Wenn ich wieder in Deutschland bin, will ich unbedingt Segelunterricht nehmen.

Ich bleibe in Picton

Tja, was ist in den Tagen vor Ostern geschehen? Jede Menge Sonnenbaden und Faulenzen. Donnerstags waren wir wieder im Irish Pub und der Freitag war auch ein absoluter Faulenzertag. Wir haben abends gekocht und Eis gegessen. Im Anschluss daran ging's in den Spa-Pool. 40°C heißes Wasser! Saugeil! Danach war ich so fertig, dass ich einfach ins Bett gefallen bin und geschlafen habe.

Am Samstag sind Sabrina und ich einkaufen gegangen und haben auf unserem Weg durch die Stadt festgestellt, dass in der High Street, Pictons Zentrum, ein Oldtimertreffen stattfand. Wir holten sofort unsere Fotoapparate und haben an die hundert – ich meine das ernst – Fotos geschossen.

Ford Custom Car beim Oldtimertreffen.

Der Ostersonntag wurde mit einem richtig tollen Osterfrühstück gekrönt, mit bemalten Ostereiern von mir für alle und ein paar kleinen Geschenken zum Suchen von Eva. Ich habe einen Spitzer bekommen, weil ich mir ein paar Tage vorher Bleistifte gekauft hatte, die ich dann mit dem Taschenmesser anspitzen musste.

Osterfrühstück – Eva, ich, Christina und Sabrina (v.l.n.r.).

Mein erster Job

Eva fuhr am Dienstag nach Ostern in die Stadt Christchurch, um von dort aus nach Auckland weiterzufliegen. In einem Dorf in der Nähe von Auckland plante sie eine Woche Vollzeitmeditation zu absolvieren und bevor sie losfuhr, hatten wir einige längere Gespräche darüber. Ich habe mir die Adresse von diesem Meditationstreff geben lassen, weil ich das eventuell auch noch vor meiner Rückreise nach Deutschland ausprobieren wollte. Bis dahin hatte ich eigentlich keinerlei Erfahrung mit Meditation gesammelt, aber es reizte mich einfach. Ich wollte wissen, ob ich es aushalten kann, zehn Tage lang nicht zu sprechen, das ist während der Meditationszeit nämlich verboten. Außerdem dachte ich, dass es vielleicht ein guter Abschluss für eine solch lange Reise wäre.

Als wir am Tag zuvor durch die Stadt liefen, fiel mir ein Schild ins Auge, worauf stand, dass eine Eisdiele nach Aushilfen sucht. Natürlich bin ich da gleich hingegangen und habe angefragt, ob sie noch jemanden brauchen und habe tatsächlich den Job bekommen. Allerdings war mir relativ schnell klar, dass ich da nicht lange arbeiten würde und so war es dann auch, ich bin genau eine Woche geblieben und verdiente 170 Dollar. Trotzdem war es interessant dort zu arbeiten, auch wenn die Chefin einen Pinkfimmel hatte und die Eisdiele in Deutschland mächtig Probleme mit der Gesundheitsbehörde bekommen hätte. Es war da nicht dreckig oder so, aber naja, die Regeln sind hier wohl nicht so streng, denn es gab zum Beispiel keine Toiletten für Gäste, was in Deutschland ja nun mal gar nicht geht. Außerdem waren die Lebensmittel alle wild durcheinander eingelagert. Soweit ich weiß, müssen in Deutschland gewisse Lebensmittel, zum Beispiel Eier, getrennt von anderen aufbewahrt werden. In dieser Hinsicht sind die deutschen Gesundheitsbehörden im Vergleich schon sehr genau.

Nach der Eisdielenwoche war ich also wieder auf Jobsuche. Ich habe mich in beiden Supermärkten am Ort beworben, an der Tankstelle, in den Cafés und Hotels, aber die Saison war einfach vorbei und es wurden immer weniger Mitarbeiter gebraucht, oder eben Leute, die länger als zwei Monate arbeiten wollten. Was tun? Schlussendlich habe ich dann in der Villa nachgefragt und konnte tatsächlich dort für Unterkunft, Essen und Internet arbeiten.

Zuvor machte ich aber noch einen Ausflug nach Kaikoura, um mich mit Veronika zu treffen, und fuhr nach Blenheim, um ein paar wärmere Klamotten zu kaufen.

Kurz mal die Ostküste entlang

Kaikoura und die Seehunde

Am 12. April bin ich morgens um ca. neun Uhr mit dem Intercitybus nach Kaikoura losgefahren und habe Veronika besucht. Die Strecke an der Küste entlang von Blenheim nach Kaikoura ist wirklich wunderschön, da die Landschaft einfach atemberaubend ist. Man fährt teilweise zwischen Meer und zerklüfteter Steilküste auf einer kleinen, kurvigen Straße und obwohl die Küste hier oft aus Klippen besteht, gibt es zwischendrin immer wieder langgezogene, weiße Sandstrände mit grasbewachsenen Dünen. Das Meer kann hier ziemlich rau sein, aber bei Sonnenschein hat es eine tolle, türkisgrüne Farbe, die vom Grund aus zu leuchten scheint. Kein Wunder, dass eine der drei Zugstrecken der Südinsel hier entlang läuft.

Kurz vor Kaikoura fährt man außerdem an einer Seehundkolonie vorbei und ich hätte am liebsten den Fahrer gebeten kurz zu halten, aber das ging ja leider nicht, es war schließlich eine öffentliche Busverbindung mit Zeitplan und die anderen Reisenden wären sicherlich alles andere als erfreut gewesen.

Bei Vroni angekommen, ging es auch gleich weiter. Wir machten uns auf den Weg zu einer kleinen Wanderung an der Küste, dem Peninsula-Walk. Kaikoura liegt nämlich auf einer kleinen Halbinsel, deren vorderer Teil relativ unbesiedelt ist und so kann man an der Küste entlang einmal außen herumwandern. Auch da gab es wieder eine kleine Seehundkolonie und ich konnte relativ nahe an die Tiere heran.

Seehund bei Kaikoura.

Nach der Wanderung waren wir ganz schön hungrig, also sind wir einkaufen gegangen und haben uns dann was Leckeres zum Essen gemacht. Anschließend ging es für mich auch schon wieder „heim" nach Picton. Dieser Tag war echt super! Die Gegend um Kaikoura ist superschön und Vroni wiederzusehen war auch einfach nur toll!

Schal stricken, Klamotten kaufen und Kampfsporttraining

Tja, viel ist in dieser Woche eigentlich nicht mehr passiert. Am Dienstag habe ich mein Gehalt von der Eisdiele bekommen, mir gleich ein Knäuel Schafswolle gekauft und angefangen einen Schal zu stricken. Tags darauf bin ich am Nachmittag noch mit zwei Kollegen des Villa-Teams Minigolf spielen gegangen. Leider habe ich verloren – mit fünf Punkten Unterschied.

Donnerstag war ein absoluter Faulenzer-Tag und am Freitag bin ich mit dem Bus nach Blenheim gefahren und habe mir von dem Rest meines Gehaltes ein Paar neue Wanderschuhe gekauft sowie zwei Langarmshirts und einen Pullover. Das war ein schöner, entspannter Einkaufstag in der „großen" Stadt, denn im Gegensatz zu Picton ist Blenheim tatsächlich groß – was an Blenheim, ausgesprochen übrigens Blenum, allerdings das einzig Positive ist. Ich fand die Stadt ansonsten ausgesprochen hässlich und bin deshalb dort nie in einem Hostel geblieben. Für Leute, die im Weinanbau arbeiten wollen, ist sie aber wohl die ideale Basis.

Auch der folgende Tag war sehr ruhig und am Sonntag bin ich einfach nicht aus dem Bett gekommen. Erst so gegen Mittag habe ich es tatsächlich mal geschafft zu frühstücken und bin doch noch recht aktiv geworden:

Ich übte Kuntaiko, einen Kampfsport, der sich aus Karate und Kickboxen zusammensetzt. Dazu habe ich mir erst das Programm für den Grüngurt – der Wissensgrad der Schüler spiegelt sich in den Gürtelfarben wider –, das mir mein Sensei (Lehrer) geschickt hatte, runtergeladen. Zusätzlich probierte ich auch gleich ein paar Katas, festgelegte Bewegungsabläufe, die einen Kampf gegen einen eventuellen Gegner simulieren. Und sportlich ging es auch mit Sabrina und meinem Villa-Kollegen Jonathan in Form eines Spaziergangs und kleinen Schwimmausflugs weiter.

Ein neuer Job in Picton

Die Villa

Meine erste Arbeitswoche in der Villa (http://www.thevilla.co.nz/) begann! Alles war sehr neu und aufregend! Ich war nun Mitglied im Villa-Staffteam. Ich lernte also meine neuen Arbeitskollegen Gao, Douwe, Matias und Marc kennen sowie Rachel und Andrew, die beiden Supervisoren und zu guter Letzt Katrin, die Managerin der Villa. Allein schon durch die Tatsache wieder Arbeitskollegen zu haben, die teilweise auch zu guten Freunden wurden, begann Picton für mich fast wie ein „Zuhause" zu werden. Ich glaube, es war unter anderem doch dieser kleine Anflug von Alltag, gepaart mit den richtigen Leuten und der richtigen Umgebung, durch den ich mich das erste Mal in Neuseeland richtig wohlfühlte.

Am ersten Tag arbeitete ich mit Andrew zusammen, der mir alles zeigte und erklärte. Vor allem die Doppelzimmer wären da zu erwähnen, denn die hatten diese doofen Leintücher zum Falten und nicht so praktische Spannbettbezüge. Den nächsten Arbeitstag verbrachte ich noch mit Gao, der mir den Rest beibrachte und ab Mitte der ersten Woche durfte ich bereits alleine arbeiten.

Ich arbeitete also vom 19. April bis zum 31. Mai in der Villa. Gott, im Nachhinein kommt mir das so lange vor, aber die Zeit verging wie im Fluge. Mir ist generell aufgefallen, dass die Zeit nur so dahinfliegt, wenn man einen geregelten Tagesablauf hat, vor allem, wenn sich die Tage gleichen wie ein Ei dem anderen. Aber ich habe ja nicht nur gearbeitet, da ich ja meistens schon um 13 Uhr frei hatte. Nur einmal in der Woche war Nachmittagsschicht angesagt, die dann von 13 Uhr bis 16:30 Uhr ging. Da saß man dann an der Rezeption und hat nebenbei Wäsche gewaschen und Apple-Crumble, eine Art Apfelkuchen, gebacken, der dann abends um 20 Uhr an die Gäste verteilt wurde.

In der ersten Woche war ich nachmittags noch sehr aktiv. Ich ging mit Jonathan, Christina und Sabrina auf dem Snout spazieren, einer Landzunge in den Queen-Charlotte-Sounds, und verbrachte mit ihnen den Nachmittag an einem der dortigen Strände. Wir sind erst im Dunkeln wieder in die Villa zurück und spielten auf dem Heimweg „Ich packe meinen Koffer…", was dazu führte, dass wir einen imaginären Koffer voller Essen mit uns herumschleppten, weil wir alle hungrig waren.

Sonnenuntergang am Snout.

Auch am Donnerstag war ich wieder mit Jonathan und Sabrina unterwegs. Wir badeten an Pictons kleinem Strand, bis Sabrina zur Arbeit gehen musste. Die Tage darauf habe ich wieder Katas geübt und wir sahen uns das Rugby-Spiel der heimischen Highschool-Mannschaft an, inzwischen verstehe ich sogar die Regeln – zumindest so ungefähr.

Ich war auch das erste Mal mit Kochen für den Staff an der Reihe. Ich sage nur so viel: Es ist nicht leicht, für acht Leute zu kochen! Ich habe den Hunger der Jungs und Mädels wohl ein bisschen unterschätzt. Es hat gereicht, aber grad so! Abends ging es dann noch ins Oxley's, abtanzen zur Liveband bis in die Puppen, was in Picton normalerweise bis ein Uhr morgens ist, danach ist Zapfenstreich. Da am Sonntag aber Anzac-Day war, ein neuseeländischer Feiertag, an dem die gefallenen Soldaten des Zweiten Weltkriegs geehrt werden, ging es nur bis zwölf Uhr. Christina und ich haben uns anschließend auch tatsächlich entschlossen, die Parade um sechs Uhr am nächsten Morgen anzuschauen, obwohl wir definitiv nicht schon um zwölf Uhr im Bett waren.

Work-Life-Balance

Nach der ersten Arbeitswoche ist allerdings das Meiste auch schon wieder Alltag für mich gewesen. Am Montag, dem 26. April hatte ich meinen ersten freien Tag und bin mit Millie, der Villa-Hündin, spazieren gegangen. Ansonsten hatte es sich an den übrigen Arbeitstagen irgendwie so eingespielt, dass ich vormittags arbeitete und nachmittags mit den anderen gemeinsam spazieren ging, einkaufte oder quatschte, oder ich genüsslich in der Hängematte faulenzte.

Meine Faulenzerecke in der Villa samt Hängematte.

Meine erste Nachmittagsschicht brachte ich übrigens am Freitag, dem 30. April hinter mich. Es lief auch eigentlich alles ganz gut, nur mit dem Computerprogramm, mit dem man die Zimmer reservierte, stand ich irgendwie auf

Kriegsfuß. Es war ein altes DOS-Programm und ich als Windows-Dummie kam damit einfach nicht zurecht.

Da das Saisonende nahte, hatte sich die Zahl der Staff-Mitglieder gleich in der zweiten Woche um drei verringert, es waren Douwe, Andrew und Gao, die ihre Heimreise antraten. Dafür stieß Jonathan zum Team dazu und mein freier Tag verschob sich dadurch auf den Dienstag. Die Abreisenden wurden natürlich gebührend verabschiedet, sprich wir sind im Irish was trinken gegangen. Hm, ich schätze, ihr merkt, dass das Irish unsere Stammkneipe war?

Am Donnerstag, dem 6.Mai bekamen wir in der Villa durch Christina Verstärkung und diesmal habe ich die Rolle des „Ausbilders" übernommen. Es war schon irgendwie ulkig, da ich ja zu diesem Zeitpunkt selbst noch nicht so lange dort gearbeitet habe, aber im Grunde war es ja auch relativ einfach, die Aufgaben zu erklären und Christina hatte vorher schon in einem anderen Hotel als Cleaner gejobbt. Somit waren wir inzwischen fast alle in der Villa beschäftigt, außer Sabrina, die arbeitete in einem Café in der Küche. An einem Nachmittag hat uns ihre Chefin mal mit nach Blenheim genommen. Wir waren ein bisschen shoppen und sind einfach durch die Stadt gelaufen, bevor es abends wieder nach Picton zurückging.

Auch am folgenden Wochenanfang gab es in der Villa wieder einen Personalwechsel. Matias brach auf und dafür fing Debbie aus Malaysia bei uns an, allerdings hat sie gleich am nächsten Tag wieder aufgehört – aber nicht dass ihr jetzt denkt, wir hätten sie vergrault! Nein, nein, ihr Freund ist nur deutlich früher nach Neuseeland gekommen, als sie gedacht hatte und deswegen musste sie schon nach Auckland reisen. Am Donnerstag hat dann Barbora aus Tschechien angefangen, so war das Team gleich wieder komplett.

Das Wochenende vom 14.-16. Mai war das Partywochenende schlechthin. Freitag waren wir mal wieder im Irish, Samstag nach dem Rugbyspiel im Oxley's, ein paar Häuser weiter – wie eigentlich alles in Picton immer bloß ein paar Häuser weiter ist – und Sonntag hatte Rachel Geburtstag, den wir daheim in der Villa schön mit Wodka-Cola feierten. Irgendwie kann ich mich an die einzelnen Partys gar nicht mehr so genau erinnern, aber das heißt ja eigentlich auch nur, dass sie gut waren, richtig?

Linksverkehr und andere Katastrophen

An dem Sonntagabend konnte ich den Wodka aber auch gebrauchen. Als ich nämlich morgens zu arbeiten beginnen wollte, kam Katrin, die Managerin der Villa und damit meine „Chefin", auf mich zu und fragte, ob ich Barbora, die ja nun mit uns arbeitete, nach Blenheim ins Krankenhaus fahren könnte, weil diese eine ziemlich fiese allergische Reaktion hatte. Ihr ganzes Gesicht war angeschwollen. Also bin ich erst mal mit Barbora ins Krankenhaus gefahren. Auf der linken Straßenseite! Im Regen! Ich, die ich ja sowieso schon so gerne Auto fahre! Aber gut, ich habe es geschafft und brachte sie „heil" ins Krankenhaus. Dort musste sie erst einmal bleiben, konnte nachmittags aber schon wieder abgeholt werden. Gott sei Dank musste ich nicht noch mal fahren, das war mir einmal schon genug.

Am selben Nachmittag hatte ich auch noch Schicht an der Rezeption und da checkte so eine kleine, ältere Dame ein, die sich nicht sofort an ihren Namen erinnern konnte. Das kam mir schon ein bisschen komisch vor, aber ich dachte mir, sie hat gerade eine dreistündige Fährenüberfahrt hinter sich, vielleicht ist sie einfach müde. Wie sich aber zwei Tage später herausstellte, war sie in Auckland aus einem Pflegeheim für Alzheimerpatienten ausgebüxt und alleine bis nach Picton gereist. Und als ob das noch nicht genug wäre, ist Barboras Allergie über Nacht nicht besser geworden, sondern schlimmer. So musste sie am nächsten Tag wieder ins Krankenhaus und blieb dann erst mal für drei Tage dort.

Aber es ist auch etwas weniger Aufregendes passiert: Die beiden Jans kamen am Sonntag von ihrer Tour über die Südinsel zurück und blieben eine Nacht in der Villa. Es war schön, sie wiederzusehen, denn die beiden waren mir richtig ans Herz gewachsen.

Die restliche Woche gestaltete sich dagegen sehr ruhig. Am Samstag gab es wieder ein Rugbyspiel und danach wurde natürlich gefeiert, ansonsten war nicht viel los.

Goodbye Picton

Und dann brach sie an, meine letzte Arbeitswoche in der Villa in Picton. Am Montag fuhr Sabrina schon in Richtung Wanaka ab, indes wollten Christina und ich erst am 3. Juli weiter nach Nelson. An meinem freien Dienstag sind wir beide mit Katrin und ihrer Freundin Nina abends nach Blenheim ins Kino gefahren und haben uns „Robin Hood" angeschaut. Das Wochenende verbrachten wir diesmal ruhig „zu Hause" vorm Fernseher.

Mein „Zuhause" in Neuseeland: The Villa Backpacker.

Tja, und mit dieser ereignislosen Woche ging meine Zeit in Picton zu Ende. Der 31. Mai war mein letzter Arbeitstag und für den 1. und 2. Juli hatten Katrin, Christina und ich eine Segeltour im Queen-Charlotte-Sound geplant. Das Wetter sah zwar eher nach Regen aus, aber wir freuten uns trotzdem alle darauf, Katrin aber wohl am meisten, die ist ja auch total Segel-verrückt!

Ein Segeltörn Richtung Cook Strait

Und dann war der Tag des Segelausflugs da. Katrin und ich sind schon am Montag in die Marina, das ist der Yachthafen im Segeljargon, gefahren, um uns das Boot anzusehen und die Sicherheitsbestimmungen und den Funk erklären zu lassen. Am nächsten Morgen um acht Uhr haben wir unser Essen und Gepäck auf das Schiff verfrachtet und sind ungefähr eine Stunde später aufgebrochen, raus in den Sound. Noch regnete es zwar nicht, aber es war schon sehr bewölkt und diesig. Unseren Spaß hatten wir trotzdem.

Zu Beginn fuhren wir noch mit Motor aus der Fahrlinie der Fähre und dann ging es los mit Segeln, raus in Richtung Cook Strait. Mit teilweise bis zu 5,5 Knoten kamen wir ziemlich schnell in die Nähe der Bucht, in der wir übernachten wollten.

Christina, Katrin und ich in „Action".

Trotz des bald einsetzenden Regens kreuzten wir ein wenig auf und ab, bevor wir uns auf den Weg zu unserem Nachtlager machten. Allerdings erlebten wir eine Überraschung, denn die Boje der Mooringleine war nicht da wo sie sein sollte – eine Mooringleine ist übrigens ein Tau, das mit einem Betonklotz am Meeresboden verbunden ist. So kann man das Boot einfach an einer Mooring festmachen und muss dann nicht ankern. Außerdem ist die Mooring sicherer als zu ankern, denn ein Anker kann sich lösen und das Boot könnte abgetrieben werden. Ohne Boje geht das Tau dann aber natürlich unter. Sprich: Ohne Boje, kein Nachtrastplatz.

Wir suchten etwa zwanzig Minuten nach dieser verdammten (Entschuldigung) Boje, bevor wir beschlossen, unter Motor in die nächste Bucht zu fahren und dort an eine andere Mooring zu gehen. Das schafften wir auch noch gerade so bevor es dunkel wurde. Nachdem das Segelboot dann fest vertäut war, ging es erst einmal ans Kochen, was zu dritt auf beengtem Platz gar nicht so einfach ist. Wir haben es dann allerdings trotzdem geschafft, räumten danach zusammen auf und ließen den Abend mit Ratschen und Musik ausklingen. Allerdings ging es aber doch recht früh in die Heia, einfach weil wir alle saumüde waren. Katrin hatte, im Gegensatz zu uns anderen, eine ziemlich unruhige Nacht, da der Wind etwas auffrischte und sie immer wieder kontrolliert hat, ob die Mooringleine noch fest sitzt.

Der nächste Morgen empfing uns, wie sollte es anders sein, mit Regen und auch das Meer war so weit draußen im Sound ziemlich aufgewühlt. Wir fuhren daher auf Kathrins Beschluss hin mit dem Motor tiefer in den Sound zurück und warteten darauf, dass die Wellen weniger und kleiner wurden. Es war aber trotzdem noch ein schöner Segeltag und um ungefähr 16 Uhr sind wir wieder im Hafen eingelaufen. Danach ging es zurück zur Villa und bald darauf auch ins Bett, weil wir alle ziemlich fertig waren.

Unterwegs mit Bussen und Mietwagen

3. Juni – 18. August 2010

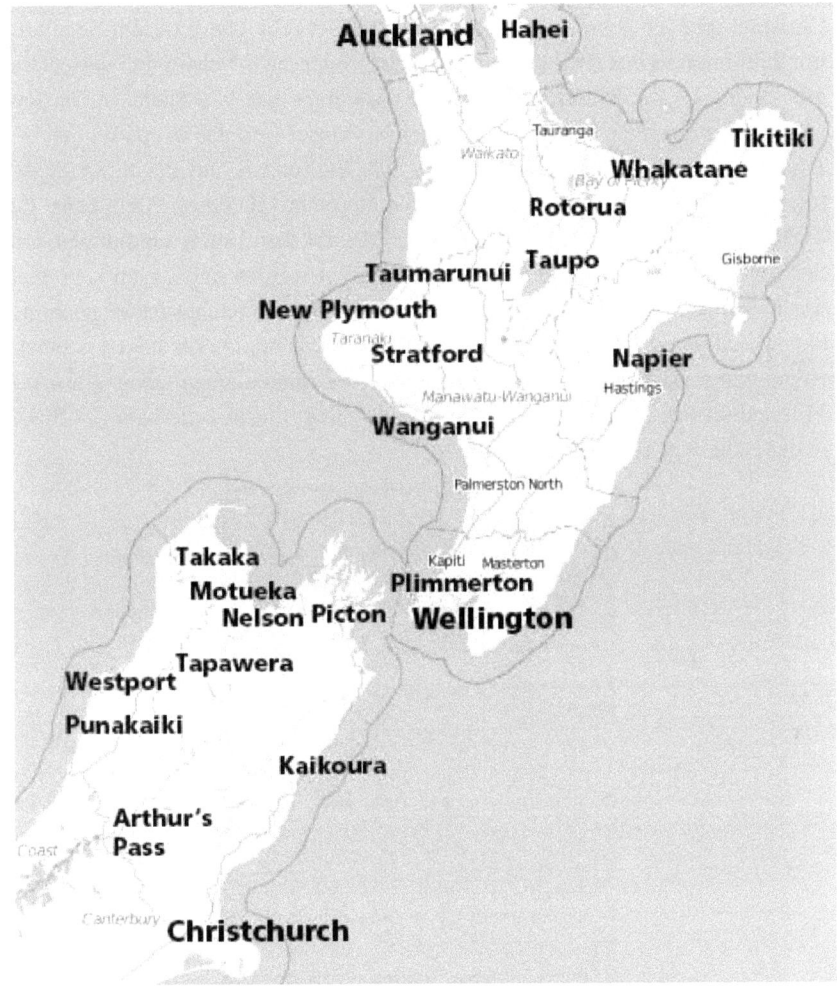

Meine Route auf der nördlichen Südinsel und der Nordinsel.
Quelle: OpenStreetMap und Mitwirkende, CC BY-SA

47

Die nördliche Südinsel

Abschied und neue Freunde in Nelson

Christina und ich fuhren am Tag nach der Rückkehr von unserem Segeltörn mit dem Intercitybus (www.intercity.co.nz) weiter nach Nelson. In Neuseeland gibt es drei große Busunternehmen, die zusammen fast alle Städte in Neuseeland gut miteinander verbinden. Auf der Nordinsel sind das hauptsächlich der Intercitybus und der Naked Bus (www.nakedbus.co.nz), auf der Südinsel der Intercity und das Atomic Shuttle (www.atomictravel.co.nz). Man kann die Tickets im Internet bestellen und sie per SMS auf dem Handy empfangen. Die SMS gilt als Ticket, das beim Fahrer vorgezeigt werden muss, man kann sich das Ticket aber auch einfach ausdrucken. Christina und ich besuchten nachmittags gleich das geographische Center of New Zealand. Dieses liegt auf einem Hügel nahe dem Stadtzentrum und stellt den angeblichen geographischen Mittelpunkt des Landes dar, doch tatsächlich liegt dieser außerhalb der Stadt, in der Nähe von Tapawera.

Christina und ich am Center of New Zealand.

Eigentlich planten Christina und ich am nächsten Tag zum „Bonecarving" zu gehen, dort werden, im Gegensatz zum klassischen Schnitzen mit Holz, Kuhknochen verwendet. Da der Lehrer aber gerade Winterpause hatte, haben wir uns Nelson angeschaut und uns mit zwei Österreichern unterhalten. Laurenz und Ulle waren echt lustig und die ersten Österreicher überhaupt, die ich hier getroffen habe. Eine Zeit lang habe ich auch überlegt, ob ich das Auto von Laurenz kaufen soll, habe es dann aber schlussendlich nicht gemacht. Ich fahre einfach nicht gerne Auto und empfinde es deshalb als Stress. Und den wollte ich hier in Neuseeland nicht haben.

Am 5. Juni ist Christina dann weiter nach Kaikoura gefahren und damit musste ich erst mal klar kommen. Christina war jetzt schon eine sehr wichtige Freundin für mich geworden und es ging mir einen Tag lang nach ihrer Abreise echt schlecht. Es war wirklich komisch, wieder allein unterwegs zu sein, oder besser gesagt, das erste Mal wirklich allein unterwegs zu sein. Obwohl das eigentlich ja auch nicht stimmt, schließlich war Laurenz ja noch da. In einem Hostel ist man eigentlich nur wirklich allein, wenn man es darauf anlegt. Ansonsten gibt es einfach immer irgendjemanden, mit dem man etwas unternehmen kann. Und Laurenz und ich waren irgendwie auf einer Wellenlänge. Wir gingen zusammen ins Kino und haben uns am Mittwoch, dem 9. Juni nach drei Stunden Hallenklettern noch bei McDoof gestärkt. Übrigens habe ich in dieser Zeit auch Felix kennengelernt, der mit Christina zusammen einer der wichtigsten Menschen ist, die ich in Neuseeland kennenlernen durfte.

Laurenz und ich im Flur des Hostels „Accents on the Park".

Am Donnerstag, den 10. Juni ging es dann für mich mit dem Atomic Shuttle weiter in den Norden der Südinsel, nach Motueka.

Das White Elephant in Motueka

In Motueka habe ich im White Elephant Backpacker übernachtet. Eigentlich plante ich nur zwei Nächte dort zu bleiben, aber es gefiel mir ganz gut da und deshalb dehnte ich meinen Aufenthalt auf vier Nächte aus. Die Leute im Hostel waren echt super und es wurde von einem deutschen Ehepaar geleitet. Leider habe ich in Motueka auch die kältesten Nächte meiner Neuseelandzeit verbracht. Ich war zusätzlich zu meinem Schlafanzug in drei Decken, zwei Paar Socken und einen Pulli gehüllt, hatte eine Wärmflasche im Bett und habe immer noch gefroren. Das ist halt so in alten, schlecht isolierten Häusern.

Die Leute, die ich dort getroffen habe, waren aber alle superlieb. Es war eine nette durchgemischte Gruppe von Reisenden aus Polen, Irland, England, Japan und wie immer natürlich auch aus Deutschland.

Ein Abend im White Elephant.

Als ich in Motueka – oder auch kurz Mot – ankam, habe ich eine Weile überlegt, ob ich den Abel Tasman Track, eine mehrere Tage lange Wanderung durch den Abel Tasman National Park, machen soll oder nicht, aber ich habe das dann auf den Sommer verschoben und die Zeit in Mot ruhig angehen lassen. Am Samstag bin ich durch die Stadt und am Strand spazieren gegangen. Motueka hat wohl die längste Hauptstraße, die ich je gesehen habe, aber ansonsten ist es eigentlich recht unspektakulär. Einfach eine neuseeländische Kleinstadt. Vom Strand aus hat man allerdings einen wunderbaren Ausblick über die Tasman Bay bis rüber nach Nelson.

Übrigens sind Roman, Diana und ich, die Deutschen im Hostel, am Samstagmorgen um sechs Uhr in der Früh aufgestanden um uns das Fußball-WM-Spiel Deutschland gegen Australien anzuschauen, das hier sogar im Lokalfernsehen

51

gesendet wurde, aber natürlich nur weil sich Neuseeland ebenfalls qualifiziert hatte.

Am Sonntag gab es einen Markt in der Stadt und ich habe mir bei einem deutschen Metzger eine Leberwurst gekauft. Gott, war das lecker! Ich habe anschließend auch noch selbst ein Roggenbrot gebacken und war im siebten Himmel! Nach drei Monaten Schlabbertoastbrot hatte ich einfach genug und backte ab diesem Zeitpunkt mein Brot selbst. Manchmal mache ich das auch jetzt noch, aber hier in Deutschland gibt es ja wieder richtiges Brot und leider habe ich oft einfach keine Zeit dazu. Zwei Tage später ging es für mich dann weiter in den Norden nach Takaka.

Bonecarving im Hippie-Dorf Takaka

Als ich in Takaka ankam, war es leider schon dunkel und so habe ich nur schnell im Hostel eingecheckt, gekocht, gegessen und bin dann ins Bett gefallen. Takaka ist in Neuseeland das Hippie-Dorf schlechthin. Im Winter, also zu der Zeit als ich dort war, ist es ein kleines, ruhiges Dörfchen. Aber im Sommer ist es eine der Gegenden mit den meisten Touristen in ganz Neuseeland. Begrüßt wurde ich dort von Allen und Miyuki, den Besitzern von Annie's Nirvana Lodge, in der ich übernachtete. Im wahren Hippie-Spirit gab es für die einzelnen Zimmer im Hostel keine Schlüssel. Man brauchte aber auch keine, da der Eingang, wie bei allen Hostels, durch ein Code-Schloss gesichert wurde. Generell fühlte ich mich in Neuseeland sehr sicher und es wurde mir, außer vielleicht mal Essen von anderen hungrigen Mitreisenden, nie etwas geklaut.

Eigentlich bin ich ja nur nach Takaka gefahren, weil mir in Motueka eine Schweizerin empfohlen hatte, dort einen Kuhknochenanhänger zu schnitzen. Das Bonecarving ist, genauso wie das Jadecarving (Jadeschnitzen), ein altes Traditionshandwerk der Maori, das inzwischen aber auch von Nicht-Maoris angeboten wird. In Neuseeland ist es zu einer echten Touristenattraktion geworden. Der Typ, bei dem ich schnitzte, war ein bisschen verrückt, aber supernett! Ich habe zwei Tage lang an meiner Triskele – ein Schutzsymbol in Form von drei radialsymmetrisch angeordneten Kreisbögen oder offenen Spiralen, das unter anderem in der keltischen Mythologie vorkommt – gearbeitet und mich nett mit Chris unterhalten. Er trinkt ziemlich viel und erzählt allerhand, wovon ich aber wegen seines starken Kiwiakzentes nur die Hälfte verstanden habe. Zum Beispiel hat er mir erzählt, dass er wahrscheinlich noch einen Sohn hat, der gar nicht weiß, dass Chris sein Vater ist. Allerdings vermutet Chris nur, dass es sein Sohn ist. Ich glaube, er will das gar nicht so genau wissen.

Chris und ich mit meiner geschnitzten Triskele.

Am 17. bin ich noch zwei Stunden spazieren gegangen, denn für Winter war echt schönes Wetter. Ich ging den kleinen „Hippie-Weg", mit Mosaiken und verzierten Bänken am Wegrand. Wie so häufig in Neuseeland, wechselt auch hier die Natur sehr häufig ihr Gesicht und sieht komplett anders aus, als zum Beispiel im gar nicht so weit entfernten Mot. Hier in der Nähe von Takaka wurden, soweit ich weiß, auch Teile der Aufnahmen des Auenlands in dem Film „Herr der Ringe" gedreht.

Zurück in Nelson

Ich fuhr am Tag darauf, es war der 18. Juni, wieder mit dem Bus zurück nach Nelson, denn ich wollte unbedingt die WM verfolgen und in Takaka gab es keinen Fernseher und schon gar kein Sky, um die Spiele empfangen zu können. Also habe ich, wie beim ersten Nelson-Besuch, im Hostel Accents on the Park eingecheckt. Dort traf ich dann auch Felix wieder, den ich schon an meinem letzten Tag in Nelson kurz kennengelernt hatte. Da Felix ein großer Fußballfan ist und sich sowieso schon die komplette WM angeschaut hatte, haben wir auch gleich zusammen das Spiel Deutschland – Serbien verfolgt.

Am 20. Juni, einem Sonntag, kamen Diana und Simona dort an. Diana kannte ich schon aus Motueka, Simona jedoch noch nicht. Sie kam aus der Schweiz und war auf einer ziemlich großen Urlaubsreise. Angefangen hatte sie in den Staaten, im Moment war sie eben in Neuseeland unterwegs und danach sollte es noch nach Australien gehen.

Die Woche in Nelson mit den beiden war sehr geruhsam, obwohl wir auch das eine oder andere Mal ausgegangen sind. Unter anderem waren wir im Phat Club in der Bridge Street, das ist ein ziemlich angesagter Club, in dem DJs alles, von Techno bis Hip-Hop, auflegen. Ab und zu treten dort auch angesagte nationale und internationale Bands auf. Ich selbst bin ja oft auch mal für die ruhigere Variante und fand es daher im House of Ales sehr schön, das ist ein Pub, in dem es neben sehr gutem Bier auch gutes Essen und gute Musik gibt. Außerdem ist dienstags Quiz-Night, das heißt, dass von den Gästen gebildete Teams Fragen beantworten und die Gewinnerteams bekommen dann Preise vom Pub. Solche Quiz-Nights gibt es unter der Woche oft in Pubs, um die Gästezahl etwas zu heben. Quiz-Nights sind übrigens nicht nur in Neuseeland bekannt, sondern auch in England und Irland!

Unsere Ausgehtruppe im House of Ales in Nelson.

Neben all dem Spaß wollte ich mir in dieser Woche auch darüber klar werden, wo ich als Nächstes hinfahren würde. Aber wie immer kam es ganz anders, als ich dachte. Simona machte mir nämlich am Donnerstag das Angebot, in ihrem Mietwagen mitzufahren. Diese Entscheidung fiel mir nicht ganz so leicht. Ich fand Simona zwar gleich sympathisch, aber mit jemandem reisen, den ich gar nicht kannte? Und ich wollte doch Sabrina und Christina besuchen!

Erst einmal entschloss ich mich dazu, Simona bis nach Christchurch zu begleiten. Da war Christina gerade, und einmal dort, konnte ich dann immer noch entscheiden, ob ich wirklich mit Simona weiterreisen oder lieber in Christchurch bleiben wollte. Also sagte ich Simona zu und wir verließen am 27. Juni Nelson in Richtung Westport.

An Pfannkuchen und Seehunden vorbei nach Christchurch

Auf der Fahrt von Nelson nach Westport haben wir im Berlin's Café Pause gemacht. Dieses Café wird im Reiseführer „Lonely Planet" extra erwähnt, da es echt mitten im Nirgendwo liegt. Die Lage ist an diesem Café leider auch schon die einzige Besonderheit, denn es ist ansonsten wie jedes andere.

In Westport übernachteten wir im TripInn, einem netten alten Hostel mitten in der Stadt. Westport an sich ist jedoch nicht gerade die hübscheste Stadt. Wie mehrere andere Städte in Neuseeland auch, scheint sie nicht gewachsen zu sein, sondern geplant. Die Straßen wirken wie mit dem Lineal gezogen und wo sich dieser Stil in anderen Städten verwachsen hat, ist er hier noch extrem sichtbar. Außerdem wirkte alles irgendwie grau. Aber wir hatten ja sowieso geplant nur für eine Nacht zu bleiben. Nachts um zwei habe ich mir dann mit drei weiteren Deutschen das 4:1 Hammerspiel gegen England angeschaut und am nächsten Morgen ging es schon wieder weiter in Richtung Süden.

Kurz nach Westport gibt es übrigens eine kleine Seehundkolonie, die wir noch besuchten. Die Seehunde waren ganz nett anzuschauen, aber die Kolonie in Kaikoura ist auf jeden Fall schöner. Hier bei Westport sieht man die Seehunde, im Gegensatz zu Kaikoura, eben nur in der Ferne auf den Felsen hocken. Als Entschädigung sind uns dafür zwei freche Wekas, einheimische Wildhühner, über den Weg gelaufen.

Unsere Mittagspause verbrachten wir in Punakaiki, wo wir uns auch gleich noch die berühmten Pancake-Rocks anschauten. Das sind Felsen, die so ausse-hen, als hätte jemand Pfannkuchen übereinander gestapelt.

Ich inmitten der Pancake-Rocks.

Danach ging es über Greymouth weiter zum Arthur's Pass. Kurz davor, in dem Örtchen Otira, haben wir in dem kleinen Backpacker „The Sanctuary" übernachtet, das wir ganz für uns alleine hatten. Das war an diesem Abend eine glückliche Fügung, denn eigentlich wollten wir noch bis nach Christchurch fahren, da wir aber merkten, dass wir das definitiv zeitlich nicht mehr schaffen, haben wir kurzentschlossen in Otira gehalten. Eigentlich hatte das Hostel dort geschlossen, die Besitzer waren aber so lieb und haben uns trotzdem dort übernachten lassen. Mitten in der Natur und ganz für uns alleine in einem Häuschen, um uns die Southern Alps. Das war einer der schönsten Abende bis dahin.

Am nächsten Morgen ging es für uns jedoch erst einmal weiter, durch eine Landschaft die definitiv in „Herr der Ringe" zu sehen war, zu Christina nach

Christchurch. Übrigens, als kleine Anekdote am Rande: Der Ort Otira stand vor kurzem für eine Million neuseeländische Dollar – rund 576.000 Euro – zum Verkauf. Leider weiß ich nicht, ob sich schon ein Interessent gefunden hat.

Ich kam also am 29. Juni zum ersten Mal in Christchurch an. Und ich muss sagen, obwohl mich die Stadt mit den vielen Straßen, Autos und Menschen nach so viel Abgeschiedenheit ziemlich verunsicherte, mochte ich sie doch auf den ersten Blick. Nicht ganz unschuldig war natürlich auch die Tatsache, dass ich Christina hier wiedertraf und mich mit den Leuten, die sie inzwischen zu ihren Freunden zählte, ebenfalls sehr gut verstand. Vier Nächte blieben Simona und ich insgesamt in Christchurch. Wir schritten den 5 km langen City-Walk durch die Innenstadt von Christchurch ab, der zwar nichts für Lauffaule, aber sehr interessant ist. Man sieht viel von Christchurchs Attraktionen und kann den Walk auch auf mehrere Tage ausdehnen, indem man alle Museen besucht, an denen man vorbeikommt, oder sich eine Weile im Botanischen Garten aufhält.

Außerdem besuchten wir das Willowbanks Wildlife Resort (www.willowbank.co.nz), in dem ich zum ersten Mal lebende Kiwivögel sah. Daneben gibt es aber auch noch jede Menge andere Tiere aus nächster Nähe zu bestaunen, denn es ist nicht so ein typischer Zoo mit Gehegen, sondern viele der Tiere laufen frei herum. Es ist ein echt schöner Park und vor allem für Kinder wegen der Nähe zu den Tieren sehr interessant. Abends, nach dem Zoobesuch, traf ich mich noch mit Christina und wir gingen auf ein Bier ins Mickey Finn's zum Billardspielen.

An unserem letzten Abend haben wir gemeinsam den Geburtstagskuchen für Eeyore, gebacken. Eeyore kam aus Taiwan und hieß eigentlich ganz anders, aber, wie viele Chinesen, gab sie sich einen westlichen Namen. Allerdings war Eeyore auch ein bisschen verrückt, deshalb hat sie sich nach dem Esel aus Winnie Puh benannt und der heißt im Englischen nun mal „Eeyore". Damals kannte ich sie eigentlich noch gar nicht so gut, sollte sie aber später noch besser kennenlernen.

Geburtstagskuchen backen im Coachman.

Alles in allem waren es fünf entspannte Tage in Christchurch, wenn, ja, wenn da nicht noch die Entscheidung angestanden hätte, ob ich denn nun mit Simona weiterreisen sollte oder nicht. Die Frage plagte mich schon arg. Denn eigentlich wollte ich nicht ständig zwischen den Inseln hin und her wechseln, sondern erst mal die Südinsel erkunden und Sabrina in Wanaka besuchen. Schließlich entschloss ich mich aber doch mit Simona weiterzufahren. Ich verstand mich richtig gut mit ihr und es war einfach auch viel schöner zusammen zu reisen. Ich bin der Meinung, dass Erfahrungen und Erlebnisse sowieso viel länger in Erinnerung bleiben, wenn man sie mit jemandem teilt. Also ging es für uns beide in Richtung Norden nach Kaikoura, Picton und dann auf die Nordinsel.

Zurück auf die Nordinsel

Kaikoura und ab auf die Fähre nach Wellington

Am 3. Juli ging es erst einmal nach Kaikoura. Dort blieben wir für zwei Nächte im „Lazy Shag", in dem wir eine Super-Aussicht aus dem Fenster unseres Zimmers hatten. Ein „Shag" ist übrigens ein neuseeländischer Vogel und hat nichts mit dem englischen Umgangsausdruck für Geschlechtsverkehr zu tun. Nur so zur Info.

Den Rauswurf von Argentinien aus der WM durch „unsere" Jungs am 4. Juli, haben Simona und ich uns morgens zusammen mit einer weiteren Deutschen, die im Hostel arbeitete, angeschaut. Anschließend machten wir, Simona und ich, tagsüber den Peninsula-Walk, der diesmal zwar ein wenig matschig war, aber eine genauso schöne Aussicht bot, wie schon im April, als ich ihn mit Vroni das erste Mal gegangen bin.

Der Peninsula Walk: Berge, Meer und grüne Wiesen – alles auf einmal!

Die zweite Nacht im „Lazy Shag" war leider nicht so geruhsam wie die Erste, da tagsüber ein Bus mit „Kiwi Experience"-reisenden Teenagern ankam, die die ganze Nacht durchfeierten. So waren wir ganz froh, dass wir am 5. Juli nach Picton abfahren konnten. Es war ein Gefühl, wie nach Hause zu kommen. Ich sah Katrin und Rob wieder, und Jonathan arbeitete auch noch in der Villa. Ziemlich fies war es allerdings, gleich am nächsten Tag weiter auf die Fähre zu müssen. Ich stand dann auch länger an Deck und habe ein wenig wehmütig zugesehen, wie Picton immer kleiner wurde. Aber ich wusste ja, dass ich noch einmal wiederkommen würde.

In Wellington sind wir schlussendlich nur eine Nacht geblieben, da das Hostel so dermaßen unter aller Sau war, dass wir es nicht ausgehalten haben. Es war alles alt und gammelig, eigentlich nicht wirklich dreckig, aber um dieses Haus kümmerte sich einfach niemand und es wirkte lieblos. Das Haus an sich war echt schön und die Gegend, in der es stand auch, aber selbst die Angestellten dort waren überrascht, dass wir zwei Nächte bleiben wollten und boten uns gleich an, es doch erst mal nur für eine Nacht auszuprobieren. Na, wenn das nicht schon alles sagt. Inzwischen ist das Hostel auch nicht mehr im BBH-Hostelführer zu finden und wahrscheinlich existiert es gar nicht mehr. Wir waren ja damals schon die einzigen Gäste. Am Mittwoch, dem 7. Juli 2010 ging es dann weiter nach Wanganui.

Ein Piercing in Wanganui und weiter nach New Plymouth

In Wanganui angekommen, spazierten wir erst mal durch die Stadt. Dabei stießen wir auf einen Piercing-Laden und da Simona überlegte, sich ein Nasenpiercing stechen zu lassen, sind wir rein gegangen. Raus kamen wir jede mit einem Piercing mehr. Simona in der Nase und ich hatte mir ein Industrial stechen lassen, eine Stange durch beide Ränder der Ohrmuschel des – bei mir – linken Ohrs. Ein kleiner Tipp, wenn ihr so was machen lassen wollt, lasst es euch nicht stechen sondern punchen. Das heilt schneller!

Schließlich sind wir noch auf den War Memorial Tower gestiegen, der zu allem Übel auch noch auf einem Hügel in einem Vorort der Stadt stand. Das waren vielleicht viele Treppen, bis wir dann tatsächlich oben auf dem Turm waren. Als Belohnung gab es dafür einen fantastischen Ausblick! Runter sind wir mit einem hundert Jahre alten Aufzug gefahren, der den Vorort beziehungsweise den Hügel mit der Stadt verbindet. Am nächsten Morgen saßen wir, die Deutschen im Hostel, Simona und ich, angespannt vor dem Fernseher und haben uns das WM-Spiel Deutschland gegen Spanien angeschaut. Wie das ausging, wissen wir ja leider alle. Hmmpf!

Für Simona und mich ging es am Tag nach dem Fußballspiel weiter nach New Plymouth. Ein sehr schönes Städtchen mit einem herrlichen Ausblick auf den Mount Taranaki, dem vierten Vulkan auf der Nordinsel, neben Ruapehu, Ngauruhoe und Tongariro, die alle im Tongariro National Park zu finden sind. An dem Tag hat das Wetter echt verrückt gespielt, wir hatten Sonne, Regen, Wind und Schnee, alles durcheinander!

Ausblick von New Plymouth auf den Mount Taranaki.

Über Stratford und Taumanuriu zurück nach Auckland

Von New Plymouth ging es zurück nach Stratford und dann über den „Forgotten World Highway" nach Taumanuriu. Die Strecke sollte sich für uns als nervliche Zerreißprobe herausstellen, da es da keine Tankstellen gab.

Zu Beginn war unser Tank noch dreiviertel voll, als wir aber immer noch ein gutes Stück vor uns hatten, leuchtete doch glatt schon die Reserveleuchte auf! Wir waren ziemlich erleichtert, als wir endlich die ersehnte Tankstelle erreichten. Aber die Strecke hatte sich trotzdem gelohnt, die Natur dort ist einfach unbeschreiblich! Alles wirkt so entrückt. Ja, der Welt entrückt, so kann man es nennen. Es gab nur diese eine Straße durch das Gebiet sowie eine stillgelegte Zugstrecke. Die wenigen Dörfer auf dem Weg waren alle sehr klein und wirkten als seien sie dem 19. Jahrhundert entsprungen. Es fühlte sich tatsächlich an wie ein Besuch in der Vergangenheit.

Da wir nicht nur mehr Benzin, sondern auch mehr Zeit für die Strecke benötigt hatten, übernachteten wir nicht wie geplant in Hamilton, sondern in Waitomo. Dort schauten wir uns am 11. Juli das Endspiel unserer Jungs gegen Uruguay an und haben sie kräftig angefeuert. Danach sind wir in die Glühwürmchen-Höhlen und haben eine Tour gemacht, die sich auch beim zweiten Mal richtig gelohnt hat. Über Hamilton, wo wir einen kleinen Verdauungsspaziergang am Flussufer entlang machten und uns die Riff-Raff-Statue zum Gedenken an den Autor der Rocky-Horror-Picture-Show, der hier am Theater gearbeitet hatte, anschauten, ging es dann weiter nach Auckland.

Dort blieben wir wieder einmal zwei Nächte, was auch eine dringend nötige Erholung war. Am nächsten Montag sind wir morgens ins nächste Pub – dessen Name mir leider entfallen ist – gewandert, um uns das WM-Finale Niederlande gegen Spanien anzuschauen, da unser Hostel keinen Fernseher hatte. Das war gleich ein ganz anderes Feeling. Die Fans der beiden Teams waren ungefähr in gleichen Mengen vertreten und es war mächtig was los! Simona und ich haben anschließend noch eine Stadtbesichtigung à la „Lonely Planet" gemacht. Im „Lonely Planet"-Reiseführer stehen zu den großen Städten meist sogenannte City-Walks, die einen zu den interessantesten Plätzen der jeweiligen Stadt leiten, in Auckland natürlich nur im Zentrum, alles andere wäre zu Fuß nicht erreichbar. Danach waren wir beide so fertig, dass wir ziemlich früh ins Bett fielen. Am nächsten Tag ging es schließlich weiter nach Kaitaia.

Wo Tasmanische See und Pazifik sich treffen

Kaitaia

In Kaitaia blieben wir nur eine Nacht. Abends habe ich dort noch mal Brot gebacken, bevor es am nächsten Tag weiter zum Cape Reinga ging. Dort oben im Norden treffen die Tasmanische See und der Pazifik aufeinander. An der Spitze des Capes wächst ein 800 Jahre alter Pohutukawa-Baum, der für die Maori heilig ist. Angeblich gleiten die Seelen der Verstorbenen über die Wurzeln des Baumes in die Unterwelt. Cape Reinga ist übrigens nicht die nördlichste Spitze der Nordinsel, das sind die Surville-Klippen, die ein wenig weiter östlich liegen.

Tasmanische See und Pazifik treffen am Cape Reinga aufeinander.

64

Auf dem Rückweg ging es an einem Teil des Ninty-Mile-Beach vorbei. Am oberen Ende dieses Strandes haben sich rund um die Mündung des TePaki-Flusses sieben Quadratkilometer Dünen angesammelt, denen wir einen kurzen Besuch abgestattet haben.

Sanddünen an der TePaki Flussmündung.

Übernachtet haben wir in Whangarei. Doch dahin zu gelangen war wiedermal ganz schön spannend, denn uns ist erneut das Benzin knapp geworden! Aber auch diesmal hatten wir Glück und über einen kleinen Umweg zu einer Tankstelle sind wir doch noch heile in Whangarei angekommen.

Die Halbinsel Coromandel

Am nächsten Morgen haben wir uns dann noch die 26 Meter hohen Wasserfälle in Whangarei angesehen. Und wie heißt es im Lonely Planet so schön: „Es

65

sind die Paris Hiltons unter den neuseeländischen Wasserfällen: Nicht die schönsten, aber die am meisten fotografierten." Rund herum gibt es kleine Wege, von denen man einen schönen Ausblick auf die Wasserkaskaden hat, die sich über den Rand eines Basalt-Lavabeckens stürzen. Von dort aus ging es weiter auf die Halbinsel Coromandel, genauer gesagt nach Hahei. Dieses kleine Dörfchen hatte am Anfang meiner Stray-Reise einen solchen Eindruck bei mir hinterlassen, dass ich es Simona unbedingt zeigen wollte. Wir blieben für zwei Nächte im „Fernbird", das eher ein Homestay als ein Backpacker-Hostel war. Ein älteres Ehepaar hatte das Erdgeschoß seines Hauses ausgebaut und dort zwei Gästezimmer sowie ein Gästebad untergebracht. Die Küche im oberen Stockwerk teilten wir uns mit den Besitzern. Das war schon mal ein ganz anderes Wohngefühl als sonst. Am Freitag, dem 16. Juli sind wir vormittags zur Cathedral Cove gewandert. So heißt eine Bucht, in der das Meer in eine Kalksteinklippe einen riesigen Bogen gebrochen und gewaschen hat. Außerdem gibt es dort eine natürliche Wasserfalldusche am Strand. Von Hahei aus geht man ungefähr eine Stunde am Ufer entlang bis zur Cathedral Cove.

Nachmittags wollten wir eigentlich noch zum Hot Water Beach, dort gibt es heiße Quellen. Man kann sich einen kleinen „Pool" in den Sand buddeln und wenn sich das Wasser der heißen Quellen mit dem Meerwasser vermischt, entsteht eine sehr angenehme Wassertemperatur in dem selbst gegrabenen Becken. Leider hatte es aber angefangen stark zu regnen, als wir losgehen wollten, also ist dieser Ausflug sprichwörtlich ins Wasser gefallen. Wir haben uns stattdessen die Zeit mit Filmeschauen vertrieben.

Am Samstagmorgen ging es für uns beide dann weiter nach Whakatane. Auch dort blieben wir zwei Nächte. An unserem ersten Abend sind Simona und ich in den neuseeländischen Film „Boy" gegangen und gönnten uns davor noch einen Döner. Ja, man mag es kaum glauben, aber auch in Neuseeland gibt es Dönerbuden und der Döner war sogar hervorragend!

Am Tag darauf waren wir erst ziemlich lange beim Wandern. Der Hostelbesitzer hatte uns den Kohi Point Walkway empfohlen, der von der Stadt aus durch ein Landschaftsschutzgebiet mit vielen schönen Aussichtspunkten auf das Meer und vorbei an Toi Pa, den Resten des angeblich ältesten Dorfgeländes der Maori führt. Die Wanderung ist wirklich zu empfehlen und falls ihr rechtzeitig losgeht und vor der Flut an den Gezeitenübergang kommt, könnt ihr sogar weiter bis nach Opotiki laufen.

Vor der Weiterfahrt Richtung East Cape ging es noch in die Stadtbibliothek zum E-Mails checken, dort gab es umsonst Internet samt WLAN. Das East Cape ist eine ziemlich abgelegene Gegend, in der die Maori der überwiegende Teil der Bevölkerung sind. Am östlichsten Punkt Neuseelands haben wir uns dann ein Eis gegönnt.

Übernachtet haben wir an diesem Abend in Tikitiki. Und zwar in einem Eastender Backpacker Hostel, das wieder einmal komplett ab vom Schuss war – im Umkreis von 20 km gab es sonst gar nichts. Dafür gab es allerdings einen Wachhund, der die ganze Nacht über vor unserer Tür aufgepasst hat. Am nächsten Morgen sind wir extra früh, um 6:30 Uhr, aufgestanden, um uns als Allererste auf Neuseeland – wir waren schließlich am östlichsten Zipfel – den Sonnenaufgang anzusehen.

Sonnenaufgang in Tikitiki.

Die Rundreise endet

Kunst in Napier

Nach unserem Frühstart in den Tag ging es flugs weiter die Küste entlang Richtung Napier, einer wirklich hübschen Stadt mit vielen schönen Jugendstilbauten. Wozu so ein deutscher Kunst-Leistungskurs nicht alles gut ist, mit dem Gelernten kann man dann am anderen Ende der Welt Baustile identifizieren.

Kunstwerk in der Innenstadt von Napier.

Wir übernachteten dort in Wally's Backpackers und wollten eigentlich nur für zwei Nächte bleiben, aber dann kam der Manager des Hostels auf uns zu und fragte uns, ob wir nicht gerne etwas Geld verdienen würden. Wir müssten bloß am Donnerstag ein paar Teppiche ausladen und ausrollen, und sie am Sonntag wieder zusammenrollen und aufladen. 15 Dollar die Stunde bar auf die Hand. Dieses Angebot ließen wir uns natürlich nicht entgehen und warfen unsere Pläne – wieder einmal – über den Haufen. Anstatt wie vorgesehen weiter nach Wellington zu fahren, würden wir Teppiche aus- und einladen und zwischendrin für zwei Tage nach Taupo reisen. Dorthin begleitete uns auch Linda, die wir in Napier kennengelernt hatten. Leider war sie einer der Menschen, mit denen ich nicht richtig warm wurde, daher kann ich rückblickend nicht viel über sie sagen.

In Taupo sind wir wie bei meinem ersten Aufenthalt noch einmal zu den heißen Quellen gelaufen und diesmal sogar noch weiter zu den Huka-Wasserfällen. Ich war dort ja schon einmal mit dem Stray-Bus, fand es aber auch diesmal wieder schön. Die Maori nannten den Sturzbach nicht umsonst Hukanui, frei übersetzt der große Sprühnebel. An sonnigen Tagen kann man dort übrigens sehr schöne Regenbögen sehen. Auch das Hostel, in dem wir in Taupo blieben, war wirklich schön, nur nachts leider schrecklich laut wegen der ganzen Party-Heimkehrer. Alles in allem war es ein schöner kleiner Ausflug.

Die Arbeit in Napier hat sich außerdem wirklich gelohnt. Am Donnerstag gab's 80 Dollar und am Sonntag nochmals 30. Allerdings haben Simona und ich das Geld von Sonntag gleich wieder verfuttert. Ich habe mir endlich mal wieder ein Steak, ein richtig schönes, saftiges Steak, gegönnt. Mhm, da läuft mir heute noch das Wasser im Mund zusammen. Und als Nachspeise gab es ein Stück Kuchen mit dem hübschen Namen „Death by chocolate". Das sagt ja schon alles, oder? Die Bedienung hat nur etwas überrascht geschaut, als Simona noch mal extra Schokosoße haben wollte.

Von Plimmerton nach Rotorua

Nach Napier ging es wieder Richtung Süden nach Wellington, bevor wir dann zurück nach Auckland fahren wollten. Da Linda vorhatte, zwei Tage nach Simona nach Australien zu fliegen, fragten wir sie, ob sie uns nicht auch noch die nächsten Tage begleiten wolle. Sie wollte gerne, also waren wir ab da zu dritt. Diesmal übernachteten wir aber nicht direkt in Wellington – man lernt schließlich aus schlechten Hostel-Erfahrungen –, sondern in Plimmerton, ca. eine halbe Autostunde nördlich von Wellington gelegen.

Die Moana Lodge in Plimmerton war das beste Hostel, in dem ich bis dahin übernachtet hatte. Die Küche ließ keine Wünsche offen und der Ausblick von der Lodge war unschlagbar. Wir blieben zwei Nächte dort und machten einen Tagesausflug nach Wellington. „Windy Wellington" machte seinem Namen wieder alle Ehre: Es war kalt und windig. Dennoch unternahmen wir einen Stadtrundgang, liefen durch den Botanischen Garten, das Universitätsviertel und besuchten das Te Papa-Museum, ein Naturkunde- und Geschichtsmuseum. Man kann dort unter anderem etwas über die Geschichte der Maori, aber auch die Siedlungsgeschichte der Weißen lernen, genauso wie über Neuseelands Tierwelt.

Nach unserem Bildungsausflug gönnten wir uns in der Cuba Street, Wellingtons Feiermeile, im „Matterhorn" – übrigens sehr zu empfehlen, denn es hat einen netten Innenhof – etwas Warmes zu trinken. Da es in der Zwischenzeit angefangen hatte zu regnen und es auch langsam dunkel wurde, beschlossen wir, nach unserer Stärkung wieder ins Hostel zu fahren.

Am nächsten Tag machten wir uns auf in Richtung Norden nach Auckland. Diese Nacht wollten wir allerdings noch in Rotorua verbringen, da Simona uns dann nur noch absetzen und das Auto abgeben musste, bevor sie weiterflog. Also fuhren wir von Plimmerton nach Rotorua, vorbei an Mount Ruapehu und Mount Ngauruhoe, dem Mount Doom in den „Herr der Ringe"-Filmen.

Mount Ruapehu.

In Rotorua selbst machten wir einen Spaziergang durch den Stadtpark mit seinen heißen Schlammlöchern. Riecht zwar nach Schwefel wie in der Hölle, sieht aber recht nett aus, wie das da so vor sich hin blubbert.

Tja, und weiter ging es nach Auckland. Es war ein tränenreicher Abschied meinerseits und ich möchte Simona auch hier noch einmal für die wunderschöne Reise und vor allem auch für das liebe Abschiedsgeschenk danken – ich habe die Kette übrigens schon ausgeführt! Während Linda und ich also in einem Hostel in der Queenstreet in Auckland blieben, flog Simona nach Australien. So ist das beim Reisen, man trifft sich und man trennt sich.

71

Christchurch und die Südinsel

19.August 2010 - 25. Januar 2011

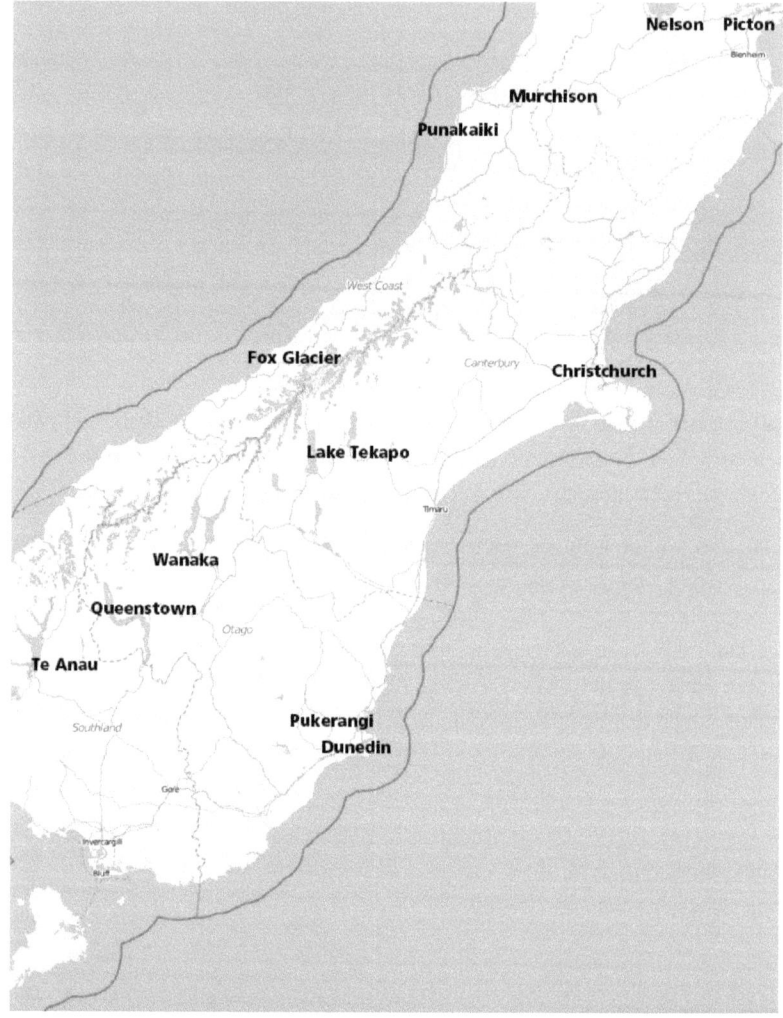

Die Südinsel Neuseelands. Quelle: OpenStreetMap und Mitwirkende, CC BY-SA

Rückkehr nach Hahei und doch keine Arbeitssuche in Tauranga

Aber ich hatte nicht lange Zeit, Trübsal zu blasen, denn schon am Tag darauf ging es für mich weiter ins ca. 100 km östlich gelegene Hahei, wo ich Felix wiedertreffen und zwei Wochen lang die Seele baumeln lassen wollte. Das hatte ich nach der anstrengenden Rundreise auch dringend nötig. Ja und viel mehr habe ich in Hahei dann auch wirklich nicht getan, außer mit Felix „How I met your mother"-Folgen anzusehen, ab und zu mal zu joggen oder ein paar Katas (mal wieder) zu üben, zu lesen, die Sonnenuntergänge zu genießen und es mir generell gut gehen zu lassen.

Sonnenuntergang in Hahei.

Felix flog am 14. August nach Christchurch und ich hatte schon mein Busticket nach Tauranga gebucht, wo ich Arbeit finden wollte. Am Dienstag, dem 17. August sollte es losgehen. Doch dann, ja dann bekam ich eine SMS von Felix, in der er mich fragte, warum ich eigentlich nicht auch nach Christchurch käme, um dort nach Arbeit zu suchen. Christina und er wären ja schließlich auch da. Also wurde mein Plan wieder umgeworfen. Ich fuhr zwar nach Tauranga, aber nur für zwei Tage.

Ich reiste am 19. August nach Christchurch und ich muss sagen, es war die beste Entscheidung, die ich treffen konnte. Tauranga fand ich deprimierend, aber auch nur, weil ich alleine da war und schnell weiter nach Christchurch wollte. Der Ort an sich war eigentlich recht schön. Er liegt am Meer und ist außerhalb des geschäftigen Stadtkerns recht ruhig. Reisende finden hier übrigens oft sehr schnell Arbeit, entweder beim Apfelpflücken oder in der Fischfabrik.

In Tauranga übernachtete ich im „Just the ducks nuts", aber von diesem Hostel war ich nicht so begeistert. Ich hatte das Gefühl, in einem Bunker zu schlafen, da mein Zimmer im Keller war und dementsprechend nur sehr schmale Fenster hatte. Außerdem schliefen wir in selbst zusammengezimmerten Hochbetten, die zwar stabil, aber unbequem waren. Umso erleichterter war ich, als ich am Donnerstag endlich morgens loskonnte. Erst mit dem Bus nach Auckland und dann gleich weiter mit dem Flugzeug nach Christchurch.

Vier Monate in Christchurch

Tja, und dann war ich da. In Christchurch. Dort sollte ich dann auch für fast vier Monate bleiben. Dieser Ort blieb besonders in meiner Erinnerung, mehr noch als Picton. Ja, in Picton fühlte ich mich das erste Mal wohl in diesem Land, rundum wohl. Deshalb wird die Hafenstadt auch immer mein „New Zealand-Zuhause" sein. Aber in Christchurch, in Christchurch hatte ich zum ersten Mal eine Reisefamilie.

Ich und meine Reisefamilie

Sie bestand aus der nervigen großen Schwester Macarena aus Chile, die alles besser wusste, zu der man aber trotzdem aufsah. Aus der ebenso nervigen kleinen Schwester Eeyore aus China, die man irgendwie vor sich selbst beschützen wollte. Und aus jeder Menge Brüdern und Schwestern, die einem irgendwann alle auf den Senkel gingen, die man aber auch nie wieder hergeben wollte (ich sage nur: Conny, Jacek, Sven, Mario a.k.a. Darth Muffin, Rachel,

Margarita, Aaron, Fede, Michelle, Karina, Liran etc.) Und natürlich nicht zu vergessen meine beiden mentalen Zwillingen Christina und Felix. Euch beide werde ich mein Leben lang nicht vergessen!

Ohne alle diese Leute wäre Christchurch nicht das geworden, was es für mich vier Monate lang war. Es war der Ort, an dem ich mich in Neuseeland am wohlsten fühlte. Trotz, oder sogar wegen des Erdbebens, trotz mindestens einer beobachteten (Fast-)Schlägerei pro Wochenende und täglich elf Stunden Arbeit.

Zu meiner Bleibe in Christchurch wurde das Hostel Coachman (www.coachmanbackpackers.co.nz), in dem ich auch die meisten „Familienmitglieder" kennenlernte – aber dazu gleich mehr.

Meine Reisefamilie in Christchurch.

Die Erde bebt!

„Wer zum Teufel rüttelt hier so an meinem Bett? Was soll der Scheiß?" Das waren meine ersten Gedanken nachdem ich am 4. September um 4: 35 Uhr aus dem Schlaf gerissen wurde. Ich habe erst überhaupt nicht verstanden, was da gerade passiert war, denn als ich aufstand und aus dem Zimmer schaute, war niemand draußen im Gang und ich dachte, ich hätte mir alles nur eingebildet. Nur der Schotte in meinem Zimmer war wach, die anderen beiden Zimmergenossen schienen immer noch tief und fest zu schlafen. Als nächstes stellte ich fest, dass wir keinen Strom mehr hatten, und Jacek vom Empfang kam mir entgegen und meinte nur: „Tja Mädel, das liegt daran, dass du grad ein Erdbeben erlebt hast!"

Inzwischen saß der Schotte auch senkrecht in seinem Bett, schaute bei uns aus dem Fenster und meinte: „Hey, die im Nebengebäude evakuieren, sollen wir eventuell auch mal rausgehen?" Also packte ich, inzwischen ziemlich zittrig, meine Tasche mit Geld und Pass und zog mich warm an, es war ja noch Frühling und nachts ziemlich kalt. Es bebte noch einmal, bevor ich draußen auf der Straße vor dem Coachman stand.

Ich rief als Erstes meine Eltern an, um sie zu informieren, dass mir nichts passiert war. Schließlich wollte ich nicht, dass sie sich sorgten, wenn sie aus dem Fernsehen von dem Beben mit der Stärke 7,1 auf der Richterskala erführen. Auf der Straße warteten schon jede Menge Menschen. Zwei koreanische Mädels waren barfuß und im Schlafanzug nach draußen gelaufen und weigerten sich strikt, wieder ins Gebäude zu gehen, um wenigstens Schuhe anzuziehen. An Schlaf war in dieser Nacht nicht mehr zu denken und wir versuchten, unsere Freunde zu erreichen, die nicht im Coachman lebten, um zu erfahren, ob es allen gut ging.

Nach ein paar Stunden setzten wir uns erst mal in den Rezeptionsbereich, dort war es wenigstens etwas wärmer. Allerding traute sich niemand von uns für längere Zeit in das Haus hinein, so verbrachten wir auch den nächsten Tag fast ausschließlich vor dem Coachman. Ironischer- und glücklicherweise war dieser Tag einer der schönsten bis dahin. Blauer Himmel, Sonnenschein und so richtig schön warm.

Wir gingen durch die abgesperrte Innenstadt zum Supermarkt, um Essen und vor allem Wasser zu kaufen. Unterwegs sahen wir das ganze Ausmaß des Bebens. Obwohl die Innenstadt nicht so schlimm betroffen war wie einige andere Stadtteile, waren recht viele Gebäude eingestürzt. Einem Haus fehlten sogar an zwei Seiten die Wände, so konnte man im zweiten Stock die Tische und Deko des mexikanischen Restaurants erkennen, in dem Christina und ich mit einigen Freunden am Abend zuvor noch Essen waren. Das zu sehen, war schon ein sehr unheimliches Gefühl.

Ein mexikanisches Restaurant nach dem Beben.

Später, als Macarena und Angelita von dem Beben in Chile und dem darauffolgenden Tsunami im Februar 2010 erzählten, wurde mir erst richtig bewusst, wie viel Glück wir gehabt hatten. Hätte es einen Tsunami gegeben, hätten wir keine Chance gehabt, in höher gelegenes Gelände zu flüchten, denn der nächste „Berg" war kilometerweit entfernt und wir hatten kein Auto.

Die nächsten Tage fühlte ich mich noch ziemlich zittrig. Immer wieder gab es Nachbeben, drei Tage später sogar noch mal eines mit der Stärke 5,4. Und trotzdem habe ich diese Zeit in relativ guter Erinnerung, da wir alle irgendwie das Gefühl hatten, dadurch enger zusammengewachsen zu sein.

Das Beben wurde übrigens unter dem Namen Darfield-Erdbeben oder Canterbury Earthquake bekannt. Hier finden sich noch weitere Impressionen des „Day After":

http://s912.photobucket.com/albums/ac322/bester_feind/?action=view¤t=The
DayAf-
ter04092010.mp4http://s912.photobucket.com/albums/ac322/bester_feind/?acti
on=view&current=TheDayAfter04092010.mp4

Arbeiten in Christchurch

Für mich brachte das Beben eine Veränderung mit sich: Zwei Koreanerinnen,
die im Coachman als Cleaner arbeiteten, wollten nach dem Beben nicht mehr
bleiben. Das war für mich natürlich ziemlich gut, so konnte ich im Team der
Coachman-Cleaner anfangen und damit umsonst dort wohnen, das sparte mir
schon mal die Miete!

Das Coachman bei Nacht.

Da dieses Hostel ein wenig größer als die Villa in Picton war, lief hier auch das Putzen etwas anders ab. Erst einmal gab es keinen freien Tag, dafür aber auch keine Nachmittagsschicht; die Arbeit war somit immer ab ca. 13 Uhr beendet. Wir reinigten in zwei Teams, die sich auf jeweils einem Stockwerk um die Zimmer kümmerten. Einer putzte die zwei Küchen und einer die drei Sammeltoiletten. Sobald die ersten fertig waren, kümmerten sie sich um die Lounge, fingen mit dem Staubsaugen an oder halfen den anderen bei deren Aufgaben. Ich arbeitete mit Lucy, Macarena, Angelita und Felix zusammen. Wir schliefen auch alle im gleichen Zimmer, der Nummer 22. Außerdem gab es da noch Jacek, der im Hostel am Empfang arbeitete. Es war ein gutes Team, das sich mit der Zeit immer wieder veränderte. Ich war im Ganzen vier Monate dort, aber dieses Anfangsteam werde ich nie vergessen, unter anderem, weil wir uns zwischendurch auch ein paar Späßchen beim Arbeiten erlaubten. Felix kam zum Beispiel spontan auf die Idee, einen „Bad Taste"-Cleaning Day zu veranstalten. Wir verkleideten uns alle mit den scheußlichsten Klamotten, die wir finden konnten, und putzten in dieser Montur das Hostel.

Für die Miete im Coachman war zwar nun gesorgt, doch für meine sonstigen Ausgaben musste ich noch Geld verdienen. Bis ich allerdings eine Arbeit fand, vergingen noch ein paar Wochen. Ich versuchte es über eine Zeitarbeitsfirma, durch die Christina ihren Job in einer Milchfabrik bekommen hatte, und hoffte, ebenfalls dort unterzukommen. Ein anderer Mitbewohner des Coachman arbeitete über eine weitere Zeitarbeitsfirma namens Kelly Services in einer Plastikfabrik, und dort bekam auch ich tatsächlich einen Job.

Ich arbeitete in der Nachmittagsschicht, sprich von 16 bis 24 Uhr, fünf Tage die Woche. Manchmal auch am Wochenende, da gab es nämlich einen Zuschlag. Wie kann man sich das Arbeiten in einer Plastikfabrik vorstellen? Naja, es ist Fließbandarbeit und ich stand hauptsächlich an der „Sojasaucendeckel-Maschine". Diese spuckte sieben Deckel auf einmal aus, die ich kontrollierte und dann nacheinander in eine weitere Maschine steckte, die den Deckel gebrauchsfertig machte. Anschließend verpackte ich 2.000 Stück dieser Deckel in einen Karton. In meiner Schicht schaffte ich meist drei bis vier davon.

Es gab natürlich auch noch andere Maschinen, zum Beispiel die Eartag-Maschine, die Ohrmarkierungen für Schafe und Rinder herstellte. Eine andere stellte Lampenschirme her und wieder eine andere Kleiderbügel.

Meine Arbeitskollegen in der Plastikfabrik.

Ich arbeitete dort zusammen mit Felix und Conny – die eine Zeit lang im Coachman lebte, bevor sie in eine WG zog – sowie Aaron und Federico, mit denen ich später noch den Abel Tasman Track machen sollte. Außerdem gab es dort noch unsere Schichtleiterin Jill, den Ingenieur Bill und jede Menge andere Kollegen. Lusili, die mich im White Room, einer Abteilung der Fabrik, in der Plastikkleinstteile hergestellt werden, unter ihre Fittiche nahm, erinnerte mich von ihrer Art und ihrem Aussehen so sehr an meine 2004 verstorbene Oma, dass ich sie besonders in mein Herz schloss.

Auch wenn es ein Knochenjob war, denn acht Stunden am Stück stehen ist verdammt anstrengend, arbeitete ich gerne in der Fabrik. Das lag vor allem an den Kollegen, die immer gut drauf waren und viel lachten. Es gab dort viele Einwanderer aus Tonga und von den Philippinen, aber auch jede Menge Kiwis, es waren allesamt interessante Menschen mit den unterschiedlichsten Schicksalen. Ich erinnere mich an einen jungen Mann, vielleicht gerade 18 Jahre alt, der dort arbeitete, um seine Freundin und ihr gemeinsames Kind zu unterstützen. Außerdem gab es noch „Granny". Über 70 Jahre alt arbeitete sie aber immer noch Vollzeit und war fit wie ein Turnschuh. Sie erzählte mir, dass ihr nur langweilig werden würde, wenn sich nicht diesen Job hätte, schließlich hätte sie sieben Kinder großgezogen und immer „nebenbei" gearbeitet.

Leben in Christchurch

Die meiste Zeit verbrachte ich in Christchurch mit arbeiten. Am Wochenende, wenn wir frei hatten, unternahmen wir kleine Ausflüge nach Lyttelton, dem Hafen von Christchurch, nach New Brighton, einem Stadtteil mit einer tollen Bibliothek, in der man einen Wahnsinnsausblick auf das Meer hatte, und nach Sumner, wo es einen schönen Stadtstrand gab. Außerdem gingen wir abends öfter ins „Mickey Finn's" zum Billardspielen und der Abwechslung halber feierten wir auch im „Yellow Cross", einem Club in der Innenstadt.

Billard im Mickey Finn's.

Im Laufe der Zeit erkundeten Felix und ich Christchurch kulinarisch. Unter anderem stießen wir auf einen Sushi-Laden mit super Tagesangeboten, ein indisches Take-away in einer Einkaufspassage und das New York Deli, in dem es die besten Sandwiches der ganzen Stadt gab. Der Sushi-Laden war an der Ecke High Street und Colombo Street und gleichzeitig auch ein Take-away. Dort gab es jeden Tag ein anderes, leckeres Special für 4,90 NZ Dollar. Wir haben uns mit dem Sushi meistens in einen Park oder an andere schöne Plätze gesetzt und die verschiedensten Sorten, zum Beispiel Seafood, Avocado, Lachs oder Shrimps, ausprobiert.

Das indische Take-away befand sich in der Madras Street im Foodcourt, gleich neben einem Supermarkt. Dort kochten sie das beste indische Essen, das ich je in meinem Leben gegessen habe, denn der Besitzer machte uns sogar die Naan-Brote meist frisch! Natürlich wurden wir zu echten Stammgästen und haben uns mehr als nur einmal überfressen.

Ja, und das New York Deli in der New Regent Street, was soll ich dazu sagen? Das war einfach der Hammer! Die besten Sandwiches, die ich mir je einverleibt habe. Die Zutaten waren immer frisch und diese Saucen erst! Von Tomatenrelish über Zwiebelmarmelade bis Mango-Chutney reichte die Bandbreite. So lecker! Meine Lieblinge waren das „Bronx Beef" oder das „Brooklyn Short Rib", wobei das „Bronx Beef" mit seinem zartrosa angebratenem, hauchdünn geschnittenem Steakfleisch mich fast noch ein bisschen mehr überzeugte. Schaut euch das Menü an unter: http://newyorkdeli.co.nz/menu/. Das waren die Top Drei meiner kulinarischen Erlebnisse in Christchurch.

Natürlich gab es während der Zeit in Christchurch auch jede Menge Feste zu feiern. Christina hatte beispielsweise Geburtstag. Leider konnte ich nicht mitfeiern, weil ich an diesem Abend arbeiten musste. Und auch Mario, Jacek und Margherita feierten den Beginn eines neuen Lebensjahrs im Coachman. Außerdem gab es das indische Lichterfest Diwali, für das am Victoria Square eine Feier mit Tanz- und Gesangsaufführungen, indischem Essen und Kulturbeiträgen organisiert wurde.

Im Oktober ging ich zweimal ins Isaac Theater Royal, das die Beben zwar überstanden hatte, aber noch bis einschließlich 2013 renoviert wird. Dort habe ich mir die Musicals „Sweeney Todd" und „The Rocky Horror Show" angesehen und war von beiden begeistert. Vor allem die Rocky Horror Show war super! Richard O'Brien, der Autor und Komponist des Musicals, trat dort als Erzähler auf. Ansonsten war es vor allem „daily life", was ich in Christchurch erlebte. Ich war im Kino, ging durch die Stadt spazieren, ließ mir von Mario die Grundgriffe des Gitarrespielens beibringen, traf mich mit Freunden und genoss die Zeit.

Gemütliches Abhängen vor dem Coachman.

Die „Herr der Ringe"-Tour

Bevor es „ernst" wurde und ich mit Conny und Felix nach fast vier Monaten Christchurch verließ, machte ich am 12. Dezember meine erste „Herr der Ringe"-Tour. Und es war der Hammer! Wir besuchten Edoras, die Hauptstadt Rohans in „Herrn der Ringe". Leider stand dort kein Set mehr, da dieses nach Drehende wieder abgebaut werden musste, aber unser Guide machte das Ganze durch Fotos gut, die während der Filmaufnahmen aufgenommen worden waren.

So konnte man sich die Szenerie doch recht gut vorstellen und obendrein gab es noch ein paar Requisiten zu bewundern. Wir durften die Schwerter von Aragorn, Gandalf und Theoden sowie die Axt von Gimli bestaunen und fürs Posieren „missbrauchen". Unser Guide war außerdem beim Dreh für die Tonaufnahmen zuständig gewesen und konnte so sehr schön aus dem Nähkästchen plaudern. Er hat sogar einige Geschichten von den Oskar-Verleihungen preisgegeben. Alles in allem war diese Tour ihr Geld definitiv wert.

Die Reiter von Rohan: Gruppenbild der Teilnehmer der Edoras-Tour.

Unterwegs auf der Südinsel

Am 13. Dezember verließen Felix und ich Christchurch und fuhren ca. 80 km südlich nach Akaroa. Akaroa liegt auf der Banks-Halbinsel und ist eine süße, kleine Stadt mit französischen Wurzeln. Der Strand dort lädt nachmittags zu einem gemütlichen Spaziergang ein und abends kann man es sich bei einer Flasche Wein gut gehen lassen. Akaroa bedeutet übrigens „langer Hafen" auf Maori und ist die passende Basis, um die Banks-Halbinsel, die durch zwei riesige Vulkaneruptionen entstanden ist, zu erkunden.

Eine Tour an die Westküste

Leider hatten wir dazu keine Zeit, da wir am Morgen darauf nach Christchurch zurückfuhren, um Conny abzuholen. Auf der SH1, einer zweispurigen Autobahn, die bei uns wohl eher als Landstraße durchgehen würde, fuhren wir in Richtung Süden nach Lake Tekapo. Dort veranstalteten wir ein „Fish and Chips"-Picknick am Seeufer und saßen abends auf der Veranda, um den Sternenhimmel zu bewundern. Das Örtchen selbst ist an dem namensgebenden See gelegen und bietet an seiner nördlichen Grenze einen wunderbaren Ausblick auf dessen türkisfarbenes Wasser. Die Hügellandschaft auf der anderen Seite zieht sich bis zu den majestätischen Southern Alps. Die türkis-milchige Farbe des Lake Tekapo wird durch „Steinmehl" genannte Sedimente im Wasser verursacht. Der Gletscher, der den See formte, zog an seinem Grund viel Gestein mit sich und die Sedimente, die sich durch die Reibung mit dem Boden lösten, wurden im Schmelzwasser des Gletschers aufgefangen. Sie brechen jetzt das Sonnenlicht und geben dem See seine charakteristische Farbe.

Es ging weiter Richtung Süden über Queenstown nach Wanaka. In Queenstown haben wir den Fergburger, angeblich den besten Burger ganz Neuseelands, probiert. Für mich ist und bleibt allerdings der Burger im Fat Tui bei Marahau unübertroffen. Den Tag über streiften wir durch Queenstown und fuhren anschließend weiter nach Wanaka. Hier blieben wir im „Wanaka Backpacka", einem sehr schönen Hostel am Lake Wanaka mit Wahnsinnsausblick über den See.

Die Puzzle World in Wanaka ist einen Besuch wert. Felix und ich probierten uns dort in allen möglichen Geduldsspielen und Puzzles und jagten uns gegenseitig durch einen riesigen Irrgarten, während Conny sich am See sonnte. Danach ging es weiter nach Norden an die Westküste nach Fox Glacier, um dort Macarena und Angelita zu treffen. Die Strecke zwischen Lake Wanaka und Lake Hawea war mit eine der schönsten, die ich je gefahren bin. Man kam erst an Lake Hawea vorbei, bevor es kurz über einen Bergkamm ging, um dann am Nordteil des Lake Wanaka vorbeizugleiten. Danach fuhren wir durch den Mount Aspiring National Park zur rauen Westküste der Südinsel. So viel geballte und dennoch unterschiedliche Natureindrücke sammelt man selbst in Neuseeland nicht oft.

In Fox feierten wir mit unseren beiden Chileninnen und deren Kollegen in meinen Geburtstag rein und bevor es am nächsten Tag weiter nach Murchison ging, haben wir uns mit Macarena einen Ausflug in die Hot Pools im Ort Franz Josef gegönnt. Die Hot Pools sind so etwas wie eine Therme in Deutschland, also ein öffentliches Bad, in dem es mehrere Becken mit unterschiedlicher Wassertemperatur gibt, und soweit ich mich erinnere, werden die Becken geothermisch aufgewärmt. Obwohl es an diesem Tag wie aus Eimern regnete und wir uns in einem Freibad befanden, über das nur ein paar Planen gespannt waren, genossen wir es, im warmen Wasser zu liegen und zu relaxen. In Murchison selbst übernachteten wir in der „LazyCow", einem netten, kleinen Familienhostel mit viel „cow-flair".

Meine Geburtstagsfeier in Fox Glacier.

Am 18. Dezember fuhren wir Richtung Osten über Nelson und über den wunderschönen Queen-Charlotte-Drive nach Picton in die Villa. Dort verbrachten wir den Abend im Hot Tub-Whirlpool und ließen es uns bei einem Gläschen Wein wieder einmal richtig gut gehen.

Am folgenden Tag setzten Conny und Felix auf die Nordinsel über und ich blieb in Picton, um dort Weihnachten zu feiern.

Weihnachten in Picton

Es war richtig schön, zur Weihnachtszeit an einem Ort zu sein, an dem einem die Leute schon vertraut waren. Das hatte ein bisschen was von Heimat, denn die vermisste ich zu dieser Zeit schon sehr. Gegen das Heimweh geholfen hat natürlich auch die Tatsache, dass es heiß war, denn so kam bei mir wenigstens keine wirkliche Weihnachtsstimmung auf. Am 21. Dezember schmückten die Gäste und der Staff der Villa zusammen den etwas zerzausten Weihnachtsbaum, der eigentlich aus zwei zusammengebundenen Bäumen bestand, dazu gab es Plätzchen, Wein und Musik.

Weihnachten in der Villa.

Ich bekam sogar Weihnachtsgeschenke und ein Geburtstagsgeschenk von meinen Eltern, die sich extra die Mühe gemacht hatten, sie nach Picton zu schicken. Die Überraschung ist ihnen damals wirklich gelungen, was habe ich mich gefreut! Mir selbst habe ich auch ein Geschenk gemacht: Ich bin am 24. Dezember zum Friseur und habe mir einen asymmetrischen Kurzhaarschnitt verpassen lassen. Inspiriert wurde ich dazu von Kathrin, die sich die Haare ebenfalls kurz schneiden ließ.

Trekking im Abel Tasman National Park

Tja, und schon war Weihnachten wieder vorbei und am folgenden Tag ging es weiter nach Nelson. Leider hatte ich vergessen, dass in den ehemaligen Commonwealth-Staaten der 25. Dezember der Feiertag ist, also gestaltete es sich etwas schwieriger als erwartet, eine Busverbindung und ein Hostel in Nelson zu finden. Aber schlussendlich klappte es und ich blieb die Nacht vom 25. auf den 26. Dezember im „Shortbread Cottage", einem urigen, kleinen Hostel, in dem jeder ein Butter Shortbread und Gummibärchen zur Begrüßung auf dem Kopfkissen vorfand. Am 26. ging es dann in aller Herrgottsfrühe weiter zum Abel Tasman National Park. Dort wollte ich mit Federico und Aaron zusammen die 5-Tages-Rundwanderung durch den Nationalpark in Angriff nehmen.

Tag 1:

Der erste Tag der Wanderung begann um 11 Uhr und endete um 20 Uhr am Abend. Wir starteten mit einem Stück des Coast-Tracks die Küste entlang und da wir unter den dichten Bäumen auf diesem Weg entlang liefen, fiel uns die Hitze gar nicht so auf. Erst als wir schließlich auf den Inland-Track abbogen, merkten wir, wie warm es eigentlich wirklich war.

Aaron, Federico und ich auf unserer Wanderung (v.l.n.r.).

Es war ein ziemlich anstrengender erster Tag, denn es war schweineheiß und der Aufstieg ziemlich steil. Gott sei Dank gab es zwischendrin immer wieder kleine Bächlein zum Abkühlen und auch immer wieder Bäume, die Schatten spendeten, zumindest bis zu unserem ersten Rastpunkt. Von dort aus genossen wir erst einmal die wunderbare Aussicht über die Tasman Bay.

Blick auf die Tasman Bay.

Danach gab es eine Zeit lang nur noch hüfthohe Nadelbäume, die mich an Latschenkiefern erinnerten, sowie anderes Gestrüpp rund um den Wanderweg. Dieser Streckenteil wurde dann wirklich anstrengend. Eigentlich sollte die Etappe 6 Stunden dauern, aber wir haben 8,5 gebraucht, wenn man die Pausen mitrechnet. Abends erreichten wir dann ziemlich geschafft die erste Hütte. Diese stand gut geschützt zwischen den Bäumen und spendete uns erst einmal Schatten für eine kurze Rast, bevor es ans Kochen ging. Allerdings mussten wir vorher noch Holz hacken. Die Hütte hatten wir für uns allein, das war schon sehr idyllisch. Trotzdem fragte ich mich, wie heiß es zu acht in dieser Hütte werden würde, wenn wir uns schon zu dritt wie in der Sauna fühlten.

Tag 2:

Es regnete am zweiten Tag. Morgens war es nur Nieselregen, doch dieser wuchs sich recht schnell zu einem wahren Regenschauer aus. Der Himmel hatte sich komplett zugezogen und es wurde immer nebeliger. Leider konnten wir deshalb nicht viel von der Natur rund um uns sehen. Irgendwann regnete

es dann so stark, dass wir nur noch mit gesenkten Köpfen in unseren Regenponchos vor uns hin stapften. Wir machten nur einmal eine längere Pause in
einer Hütte und liefen sonst weitestgehend durch.

Regenpause: In der Hütte hatten sich viele Reisenden an den Wänden verewigt.

Zwischendrin, als ich auf einem Gipfel mal wieder Netz für mein Handy hatte,
bekam ich noch eine aufgeregte SMS von meinem Freund Tobi, ob es mir gut
ginge. In Christchurch hatte es wieder ein stärkeres Nachbeben gegeben, das es
bis in die deutschen Nachrichten geschafft hatte. Als wir um 5 Uhr in der Hütte
ankamen, waren wir trotz der Regenponchos ziemlich nass. Wir versuchten,
unsere Kleidung wieder zu trocknen und kochten uns ein Abendessen. Es gab
Bohnen in Tomatensauce mit Nudeln und Obstsalat als Nachspeise. Da es am
nächsten Tag immer noch regnen sollte, debattierten wir recht lange, ob wir

weitergehen wollten oder nicht. Schlussendlich sind wir dann so verblieben, dass wir das je nach Wetterlage am nächsten Morgen entscheiden würden.

Tag 3:

Pause. Da es am Morgen immer noch so aussah, als würde es den ganzen Tag weiter regnen und stürmen, beschlossen wir, in der Hütte zu bleiben und uns auszuruhen. Das hieß aber auch, dass wir am nächsten Tag ein Wassertaxi zur übernächsten Station unseres Tracks nehmen mussten, da es auf der vierten Etappe Gezeitenübergänge gab, die nur bei Ebbe überquert werden konnten. Da zu der Zeit aber morgens Ebbe war und wir ja noch die dritte Etappe vor uns hatten, wären wir zu spät bei den Gezeitenübergängen angekommen und waren somit auf das Wassertaxi angewiesen. Die Campingplatzreservierungen galten natürlich auch nur für eine Nacht. Im Großen und Ganzen schmissen wir also unsere Planung nicht nur für Tag 3, sondern auch für Tag 4 um. Die Hütte teilten wir uns an diesem Abend noch mit zwei Niederländern, die aus der Richtung kamen, in die wir am folgenden Tag weiterlaufen wollten.

Kleine Impression des Inland-Tracks.

92

Tag 4:

Der dritte Teil des Inland-Tracks und der erste Teil des Coast-Tracks: Als wir von der Hütte nach Totaranui runterliefen, sahen wir zum ersten Mal, was der Sturm der letzten Tage dort alles angerichtet hatte, riesige Bäume waren umgefallen. Später erfuhr ich noch, dass dieser Sturm einer der schlimmsten an der Küste des Abel Tasman Nationalparks seit Langem gewesen war.

Ein entwurzelter Baum als Auswirkungen des Sturmes.

Zum Glück klappte bei uns nun alles wieder wie am Schnürchen. Nachdem wir das Waldgebiet wieder verlassen hatten, ging es eher gemächlich bergab. Durch den Sturm war es an diesem Tag nicht mehr so heiß wie an unserem ersten Tag, aber die Sonne brannte schon wieder kräftig vom Himmel. Irgendwann ging es dann über Weiden und Wiesen hinunter an die Küste bis nach Totaranui. In Totaranui trafen wir drei Bekannte aus Christchurch, die uns erzählten, dass der Coachman wegen des Erdbebens geschlossen werden musste. Das machte vor allem Aaron Probleme, weil er dort noch seine restlichen Sachen lagerte.

Wandern über Weiden und Wiesen.

Von Totaranui aus nahmen wir ein Wassertaxi und fuhren bis zur Barks Bay. Dort zelteten wir zum ersten und leider einzigen Mal – eigentlich wollten wir auch in Totaranui zelten, aber jetzt hatten wir das Drei-Mann-Zelt tatsächlich nur für eine Nacht mitgeschleppt und es gab Nudeln mit – Achtung Wortspiel! – „Green Pees" zum Abendessen.

Unser Zeltlager in der Barks Bay.

Tag 5:

Teil zwei des Coast-Tracks: Die letzte Etappe ging an der Küste des Nationalparks entlang, der teilweise auch ein Wasserschutzgebiet war, zurück nach
Marahau. Der Weg war extrem gut besucht und die Sonne brannte herunter,
was mir beides sehr zu schaffen machte. Ihr braucht auch nicht glauben, dass
der Track hier schnurstracks geradeaus ging. Nein, nein, es ging ordentlich
bergauf und bergab, durch bewaldetes Gebiet oder offene Landschaft. Es war
schon faszinierend; man wusste nie, was einen hinter der nächsten Biegung
erwartete. So manches Mal war es ein atemberaubender Ausblick, der für so
einige Strapazen entschädigte.

Malerische Landschaft auf dem Coast Track.

Wir brachten den Track gut hinter uns und hatten sogar noch einen Gezeiten-übergang und eine Hängebrücke als Schmankerl dabei. Als wir in Marahau ankamen, wollte ich erst mal duschen und essen. Beide Wünsche wurden mir noch erfüllt, bevor wir in den Bus nach Nelson (ich) bzw. Motueka (Aaron und Fede) stiegen. Hier gab es im Restaurant „Fat Tui" den für mich besten Burger in ganz Neuseeland.

Ich auf einer Hängebrücke mitten im Abel Tasman Nationalpark.

Neujahr in Picton

In Nelson angekommen übernachtete ich wieder im Shortbread Cottage. Abends konnte ich einen „Mitbewohner" aus dem Hostel überreden, mit mir „The Girl Who Kicked the Hornet's Nest" im Kino anzusehen. Am 31. Dezember fuhr ich morgens wieder zurück nach Picton, wo ich zusammen mit dem Staff der Villa in das neue Jahr hinein feierte. Es gab ein Feuerwerk und ein kostenloses Konzert im Hafen. Es war das erste Silvester, an dem ich nicht zu Hause war, das hat sich schon seltsam angefühlt. Ich habe daheim angerufen und allen ein schönes neues Jahr gewünscht, obwohl es daheim noch zwölf Stunden bis zum Jahreswechsel waren.

Feuerwerk im Hafen von Picton.

Ich muss zugeben, an dem Abend vermisste ich meine Familie, meine Freunde zu Hause und meine neuseeländischen Freunde schon sehr. Ich kannte die Leute auf der Party kaum und irgendwie wirkte dadurch alles ein wenig gezwungen. Das lag aber wahrscheinlich einfach daran, dass ich nach fast vier Monaten wieder neue Menschen kennenlernen „musste". Man gewöhnt sich einfach so schnell daran, von Freunden umgeben zu sein.

Faule Kühe und selbstgeschmiedete Messer

Der 1. Januar 2011 war mein Organisationstag. Ich buchte alle Busse, Hostels und Aktivitäten bis zum 7. Januar. Außerdem hatte ich mich entschieden, doch die zehn Tage Meditation in Auckland zu machen, auch wenn mir dadurch ein paar Tage auf der Südinsel fehlen würden und meine Planung so mal wieder umgeschmissen wurde. Dieses Erlebnis wollte ich mir einfach nicht entgehen lassen, dazu aber später mehr. Am 2. Januar ging es wieder nach Nelson, weil ich nur über diesen Weg nach Murchison in das „LazyCow" kam, wo ich unbedingt noch mal hinwollte. Diesmal übernachtete ich in Nelson im „Bugs", einem netten Hostel mit VW-Käfer-Motto, das aber leider sehr weit vom Stadtkern entfernt lag.

In Murchison blieb ich wieder im „LazyCow", schaut euch das Hostel einfach unter http://lazycownz.wordpress.com/an. Allein für dieses Hostel nahm ich die Extra-Nacht in Nelson in Kauf und es hat sich gelohnt. Ich machte dem Namen des Hostels alle Ehre und war richtig „lazy". Nicht mal gekocht habe ich, dort konnte man nämlich Abendessen bestellen. An den beiden Abenden, die ich dort verbrachte, gab es einmal Shepherd's Pie mit Wildhack und einmal Lasagne. Beides superlecker! Neben lesen und faulenzen war ich noch am Buller River zum Spazierengehen, Zeichnen und Planschen – alles ganz gemütlich also.

Und natürlich waren auch hier wieder vier Deutsche mit mir im Hostel. Mit zweien davon, Stefan und Bernd, habe ich mich länger unterhalten und wir meldeten uns zusammen am 7. Januar zum Messerschmieden im an der Westküste gelegenen Punakaiki an. Beide machten in Neuseeland Urlaub; Stefan stand vor einer großen Prüfung in Deutschland und brauchte die Reise als kleine Auszeit und Bernd verbrachte jedes Jahr seinen gesamten Jahresurlaub hier, weil er sich einfach in das Land verliebt hatte.

Auf der Fahrt nach Punakaiki traf ich Heike wieder, die ich am ersten Weihnachtsfeiertag in Nelson kennengelernt hatte. Wir stellten fest, dass wir beide zufällig in Punakaiki im gleichen Hostel bleiben wollten. „Die Welt ist ein Dorf", sag ich nur!

Das Schmieden war dann echt ein super Erlebnis, es hat jede Menge Spaß gemacht, vor allem mit Stefan und Bernd zusammen. So, und seit diesem Zeitpunkt bin ich stolze Besitzerin eines selbstgeschmiedeten Messers!

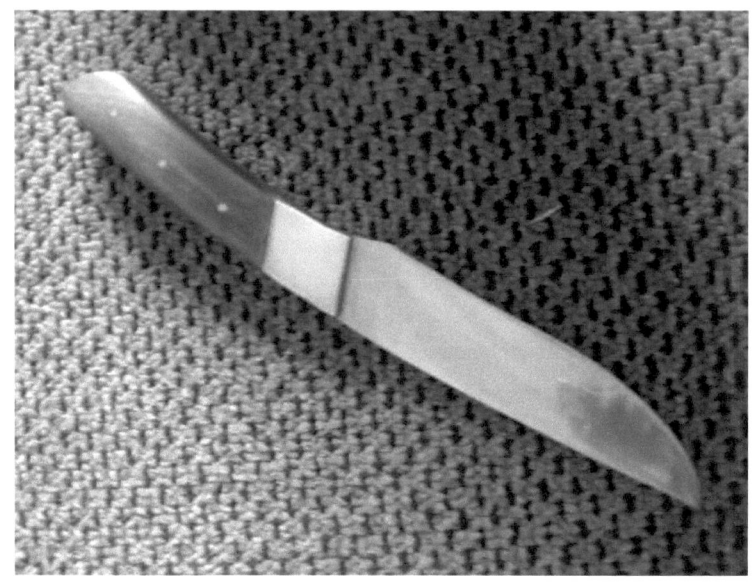

Mein selbstgeschmiedetes Messer: Hier ist das gute Stück!

Fox Glacier und die zweite „Herr der Ringe"-Tour in Queenstown

Am 8. Januar ging es dann weiter nach Fox Glacier, um meine beiden chilenischen Freundinnen Macarena und Angela noch mal zu besuchen. Dieses Mal übernachtete ich im Ivory Towers, einem recht netten Hostel, das für die kleine Ortschaft allerdings ziemlich groß war. Dort verbrachte ich einen Tag und zwei Nächte. Am Morgen des 9. Januar habe ich mit Macarena gefrühstückt und wurde dann von ihr und ihrem Freund an den Lake Matheson kutschiert. Die beiden sind ohne mich weiter nach Queenstown gefahren und ich bin um den sogenannten Spiegelsee spaziert. Leider war es ein wenig zu windig, um eine perfekte spiegelglatte Oberfläche bewundern zu können, aber es war auch so beeindruckend.

Lake Matheson.

Nachmittags traf ich mich mit Angela und wir haben uns den Mund fusselig gequatscht! Es war einfach schön, sie und Macarena noch mal zu sehen, bevor es in eineinhalb Monaten zurück nach Hause ging.

Im Anschluss fuhr ich weiter nach Queenstown. Dort meldete ich mich für meine zweite „Herr der Ringe"-Tour an und auch für eine Kajak-Tour ein paar Tage später im Doubtful Sound, dazu später mehr. Die „Herr der Ringe"-Tour zu verschiedenen Drehorten rund um Queenstown war zwar nicht ganz so gut wie die Edoras-Tour, aber auch nur ein klitzekleines bisschen schlechter. Vor allem unsere Guides Bob und Richard waren richtig gut. Bob hat als richtiger „Herr der Ringe"-Freak sogar den Ringspruch in Ork-Sprache auf die schmutzige Heckscheibe eines unserer Vans geschrieben. Wir haben uns vier Sets angeschaut: Das Set, an dem Isildur zu Beginn des ersten Film-Teils von den Orks überfallen wird, das Set, an dem die Gefährten die Argonath zum ersten Mal sehen, das Set an dem Frodo und Sam die Oliphanten beobachten, und das Set, an dem die beiden als Gefangene der Ranger ins Lager gebracht werden. Das letzte Set ist nur in der Special Edition zu sehen. Es gab ein Hobbit-Gelage und danach natürlich auch wieder Waffenrepliken, um sich damit ablichten zu lassen. Das war wieder sehr cool!

Am 14. Januar ging es für mich weiter nach Te Anau, das auch der Startpunkt für meine Drei-Tages-Kajaktour im Doubtful Sound war.

Die Kajaktour im Doubtful Sound

Eigentlich begann die Kajaktour ja schon einen Tag bevor wir überhaupt auf den Sound rausfuhren – der eigentlich ein Fjord ist – mit Einführung, Wetsuite-Anprobe und Wetterbesprechung. Unsere Gruppe, ein Holländer, eine Amerikanerin und ich, trafen sich dazu in der Lagerhalle beziehungsweise im Basecamp des Tour-Anbieters. Wir erhielten eine komplette Einführung in alles, was mit den Kajaks zu tun hatte, die voraussichtliche Route wurde besprochen und die Packliste durchgegangen. Dann wurden wir nach Hause geschickt, um zu packen und uns noch eine Mütze voll Schlaf zu holen.

Tag 1 der Kajaktour:

Der Tag begann für mich sehr früh – wenn ich mich recht erinnere –, so um 5 Uhr morgens. Ich wurde zusammen mit einem weiteren Holländer, der eine Zwei-Tages-Kajaktour machte und im gleichen Hostel wohnte, von unserem Guide Tara abgeholt. Zuerst ging es mit dem Kleinbus Richtung Manapouri am Lake Manapouri – sehr einfallsreiche Namensgebung, ich weiß. Anschließend fuhren wir mit dem Boot über den See und am anderen Ufer stiegen wir wieder in den Bus ein, bis wir schließlich am Doubtful Sound ankamen. Und dann ging es endlich los: Kajaks beladen, Deckel drauf, ab aufs Wasser und rein mit uns ins Kajak. Da es sehr windig war, sind wir erst einmal zusammen mit den Zwei-Tagestour-Teilnehmern in den Hall Arm, den ersten Seitenarm des Doubtful Sounds, gepaddelt. Es war einfach toll! Man ist so nahe am Wasser, die steilen Ufer des Fjordes türmen sich über einem auf und durch den Regen am Tag zuvor gab es viele kleine und große Wasserfälle zu bewundern. Solche Naturlandschaften lassen mich immer ehrfurchtsvoll verstummen.

Kajakfahren im Doubtful Sound.

Wir mussten uns auf unserer Tour jedoch nicht ständig mit Paddeln plagen, denn zwischenzeitlich banden wir die beiden Kajaks zusammen und hissten die Segel. Richtig gelesen! Tara packte einen Spinnaker – ein großes, bauchiges Vorsegel, meistens bunt – aus, der an unseren Paddeln befestigt wurde und uns schwuppdiwupp dorthin brachte, wo wir hin wollten. Wir segelten auf diese Art zu unserem ersten Nachtlager, das wir uns mit der Gruppe der Zwei-Tagestour teilten. Dort wurden die Kajaks an Land gebracht, entleert und dann die Zelte aufgebaut. Anschließend wurde gekocht und alle saßen im großen Moskitozelt zusammen. Wir haben viel gequatscht und gelacht und freuten uns, dass die blutrünstigen Sandflies, die in den Sounds besonders aggressiv sind, nicht durch das Netz kamen.

Tag 2 der Kajaktour:

Es war wieder ein sehr schöner Tag! Leider ist das im Doubtful Sound ein Nachteil, solange man an Land ist, weil dort bissige Insekten namens Sandflies in Scharen auftreten. Selbst im Kajak holen sie einen bei langsamer Fahrt ein und stillen ihren Appetit. Das hielt uns jedoch nicht davon ab, die Natur zu genießen, während wir uns mit den Kajaks auf den Weg zum Hauptarm des Sounds machten. Auf unserer Route trafen wir auf zwei Pinguine, die jedoch, laut Tara, eigentlich gar nicht hier sein sollten, sondern viel weiter im Süden.

Einer der Pinguine im Doubtful Sound.

Nach dieser interessanten Begegnung paddelten wir weiter, bis wir den Hauptarm des Fjords kreuzten, entlang des Elisabeth Island weiterfuhren sowie nach nochmaligem Kreuzen am rechten Fjordufer in Richtung offene See glitten. An diesem Tag war das Paddeln sehr anstrengend, da wir gleichzeitig gegen die Strömung und den Wind arbeiten mussten. Unser Nachtlager lag diesmal an einer Bachmündung direkt gegenüber des Crooked Arm, einem weiteren Seitenarm des Sounds. Abends wurden wieder die Zelte aufgebaut und nachdem ich ein wenig ausgeruht hatte, brachte ich tatsächlich noch die Energie auf, entlang des Baches landeinwärts und entlang des Fjordufers, auf Entdeckungsreise zu gehen.

Im Nachtlager saßen wir zu viert zusammen und haben über alles Mögliche geredet, wobei wir feststellten, dass Tara, unser Tourguide, mit 21 Jahren mit Abstand die Jüngste von uns allen war. Von den Kiwis, die laut Tara angeblich nachts hier unterwegs waren, bekam ich gar nichts mit, da ich wie ein Stein schlief!

Tag 3 und das Ende der Kajaktour:

Von unserem Nachtlager brachen wir morgens um 8 Uhr auf, verfolgt von einer Wolke Sandflies. Diesmal hatte selbst Tara genug von diesen ekelhaften Tieren, die dort aber auch wirklich in ganzen Horden auftraten. Wir starteten wieder mit dem Segel, obwohl es zwischenzeitlich ganz schön stürmisch war. Die Strecke, die wir am Vortag in vier Stunden zurückgelegt hatten, schafften wir dafür allerdings in zweieinhalb Stunden. Zwischendrin versorgte uns freundlicherweise eines der Cruising-Schiffe, die tagsüber durch den Sound kreuzten, mit Muffins.

Unterwegs im Sound.

Unser Weg führte uns an unserem letzten Tag hinter Elisabeth Island vorbei zurück zum Ausgangspunkt unserer Tour. Dort wurde alles wieder in den Van gepackt, die Kajaks wurden verstaut und es ging über Lake Manapouri zurück bis nach Te Anau. Dort blieb ich noch eine Nacht im Te Anau Backpacker, in dem ich zufällig Stefan vom Schmiedekurs wiedertraf. Allerdings war ich so müde, dass ich nicht wirklich zu ausgiebigen Gesprächen fähig war. Es sollte für mich ja auch am nächsten Morgen um 8 Uhr früh weiter nach Dunedin gehen.

Dunedin und ein Festival in Christchurch

Universitätsstadt Dunedin

Dunedin ist eine Universitätsstadt. Ganze Stadtviertel werden dort fast ausschließlich von Studenten bewohnt. Allerdings war ich froh, dass ich in den Semesterferien in dieser Stadt war und mir so die studierenden Partygänger erspart blieben. Ich quartierte mich dort im Hogwartz – ja richtig gelesen mit „tz" – ein. Das Hostel war früher der Wohnsitz des Bischofs, daher hatte es tatsächlich ein wenig den Charme einer alten Zauberschule. Und irgendwie hatte der alte Hausmops auch gewisse Ähnlichkeit mit Dobby.

Den ersten Tag verbrachte ich damit, mir Dunedin anzusehen. Die Stadt ist wirklich schön, wenn nur diese verflixten Hügel nicht wären. Ständig ging es auf und ab. Vor allem Dunedins Bahnhof ist ein beeindruckendes Bauwerk. Er wurde im Stil der Zeit König Edwards erbaut und ist angeblich das meist fotografierte Gebäude Neuseelands, aber wer weiß so was schon genau? Sehenswert sind dort unter anderem die Mosaikböden und Buntglasfenster des Gebäudes.

Der Bahnhof in Dunedin.

Die Taieri Gorge Railway und eine Friedhofs-Tour

Ich habe mich dort gleich für die Taieri Gorge-Zugfahrt am nächsten Tag angemeldet. Die Taieri Gorge-Tour führt durch enge Tunnels, tiefe Schluchten und über verschlungene Pfade bis nach Pukerangi, gut 58 km von Dunedin entfernt. Man fährt in Traditionswagons aus den 1920ern über mindestens ein Dutzend steinerne oder eiserne Brücken, die bis zu 50 Meter hoch sind. Natürlich gibt es auch den ein oder anderen obligatorischen Fotostopp. Es besteht übrigens die Möglichkeit, ein Fahrrad mitzunehmen und damit dann zurück nach Dunedin zu fahren. Da ich aber nicht wirklich zur sportlichen Sorte gehöre, nahm ich dann doch lieber den Zug.

Die Taieri Gorge-Tour mit dem Zug.

Für den Abend buchte ich noch eine „Death Rattle Haunted Graveyard Tour", also eine Tour, die nach Sonnenuntergang um 10 Uhr abends durch die dunklen Ecken und Friedhöfe Dunedins führt. Dazu bekommt man düstere Legenden und wahre Mordberichte aus Dunedins Geschichte erzählt und wird auch mal ordentlich erschreckt. Nichts für Zartbesaitete, aber für Grusel-Fans wie mich genau richtig! Vor allem, weil ich an diesem Abend die einzige Teilnehmerin war und damit alle Gags und Mutproben alleine absolvieren durfte. Gestreikt habe ich erst, als ich allein (!) auf dem Friedhof einen etwa 20 m langen Weg durchs Gebüsch gehen sollte, das war mir dann doch zu gruselig. Das sah aus wie ein Tor ins Nirgendwo – schüttel!

Das World Busker Festival

Am 22. Januar fuhr ich zum dritten Mal nach Christchurch. Nur diesmal stand ich vor einem Problem: Der Coachman Backpacker war seit dem starken Nachbeben im Dezember wegen Renovierungsarbeiten geschlossen. Wo sollte ich also übernachten? Da hörte ich, dass einige Leute der früheren Coachman-Familie im Foley Towers Hostel wohnten und entschied mich, ebenfalls dort zu übernachten. Hier traf ich sie fast alle wieder, inklusive Felix, der mit drei Freunden auch wieder nach Christchurch gekommen war. Zu dieser Zeit fand gerade das „World Busker Festival" statt, ein 10-tägiges Fest, bei dem in Christchurchs Zentrum Straßenkünstler aus der ganzen Welt auftreten und die Leute unterhalten.

Straßenkünstler auf dem World Busker Festival.

In diesem Jahr war auf dem Cathedral Square ein Zelt aufgestellt worden und darin gab es abends eine Burlesque Show, die ich mir ansah. Ich mag diese Art Striptease, so verspielt erotisch, mit dem Schwerpunkt auf „tease" und nicht auf „strip". Die Tänzer, die in der Show auftraten, waren auch alle sehr gut – ob das nun die in Luftballons gekleidete Dame, die Peitschenlady oder die beiden goldenen Akrobaten waren. Und für die Komik an diesem Abend sorgte der „Pastor", der als Moderator angeheuert worden war und mit dem Thema Striptease natürlich so seine Probleme hatte.

Außerdem lief immer noch die Ron Mueck Ausstellung in Christchurch. Man möchte es ja nicht glauben, aber ich schaffte es tatsächlich, sie noch am letzten Tag zu besuchen. Das wollte ich schon seit ihrer Eröffnung. Und es hat sich auch gelohnt. Die Statuen von Mueck sind einfach der Wahnsinn. Total lebensecht, nur eben in Miniatur oder riesig. Am meisten hat mich seine Statue „Pregnant Woman" fasziniert: Mueck hat eine zweieinhalb Meter hohe Statue einer nackten Schwangeren geschaffen, die ihre Arme müde über den Kopf legt und total fertig wirkt. Es gelang ihm, aus Fiberglas und Silikon ein absolut reales Abbild eines Menschen zu erzeugen. Sogar die Schweißtropfen auf ihrer Stirn sahen so aus, als würden sie ihr jeden Moment über das Gesicht laufen.

Während der restlichen Tage war ich außerdem mit Felix und seinen Freunden noch mal im New York Deli ein Sandwich essen. Es war wie immer superlecker! Abends feierten wir im altbekannten Mickey Finn's, spielten Billard und lauschten der Live-Band. Ja, diese vier Tage waren sehr schön, aber sie waren auch ein Abschied. Der letzte Aufenthalt in Christchurch endete und ich verließ am 26. Januar 2011 tatsächlich zum letzten Mal die Südinsel, um nach Auckland zu fliegen.

Meditieren, eine letzte Runde im Norden und die Heimkehr

26.01 -27.02.2011

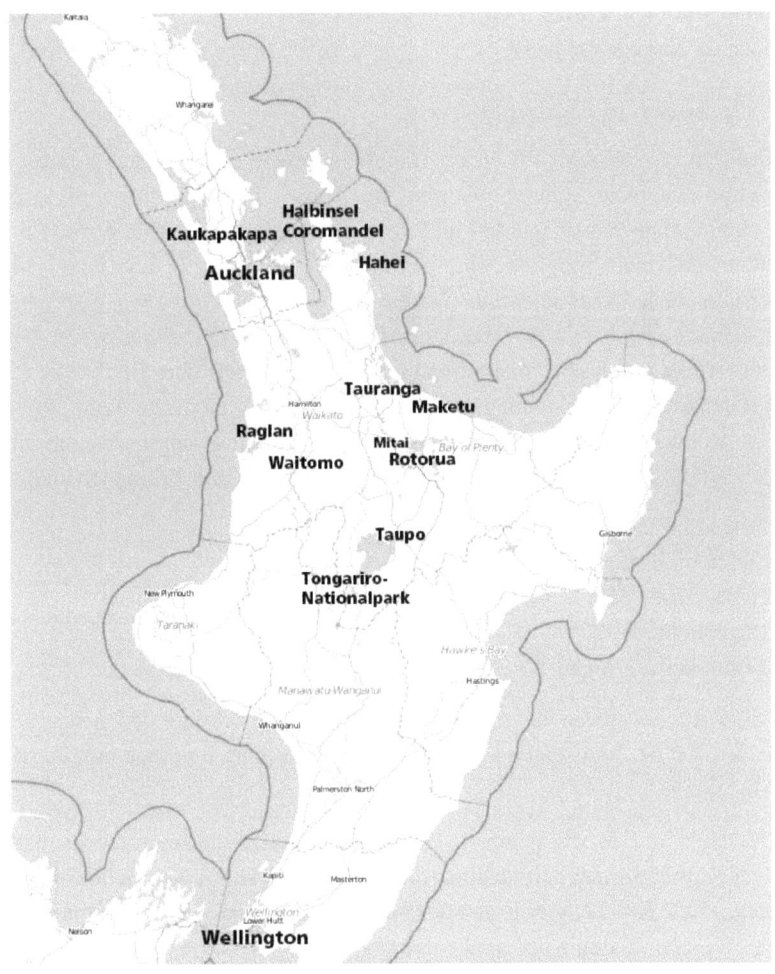

Meine letzte Rundreise auf der Nordinsel.
Quelle: OpenStreetMap und Mitwirkende, CC BY-SA

Zehn Tage Meditation

In Auckland angekommen, ging es für mich gleich mit dem Abholservice des Meditationszentrums nach Kaukapakapa, oder zumindest in die Nähe dieses Ortes. Das Meditationszentrum lag ziemlich abseits, mitten im Nirgendwo. Ich nahm an einem kostenlosen 10-Tages-Kurs teil und war gespannt, auf was ich mich da eingelassen hatte.

Stille finden in Kaukapakapa

Das Zentrum bestand aus einem Haupthaus sowie einem Nebentrakt für Frauen und einem für Männer. Während des Kurses galten bestimmte Regeln, die einem vorher erklärt wurden und an die man sich strikt halten musste. Falls einem das nicht möglich war, bestand die Möglichkeit, den Kurs jederzeit abzubrechen. Unter anderem wurden die Geschlechter streng getrennt. Man begegnete sich nur in der Meditationshalle während der gemeinsamen Meditation. Außerdem war es nicht erlaubt, zu sprechen oder über Blicke und Gesten mit den anderen Teilnehmern zu kommunizieren. Man durfte nichts aufschreiben, technische Hilfsmittel wie Handys und Computer waren verboten. Zusätzlich hatte man sich während des Kurses an folgende fünf Prinzipien zu halten:

•Töte kein Lebewesen – das gilt auch für Mücken etc.
•Stehle nichts.
•Habe keinen Sex.
•Lüge nicht.
•Nimm keine Drogen.

Diese Regeln waren für die Meditation wichtig, da man sich ganz auf sich, seinen Körper und seinen Geist konzentrieren sollte, und dies möglichst ohne Ablenkung.

Das alles wusste ich schon, bevor ich mich überhaupt entschieden hatte, an dem Kurs teilzunehmen, denn ganz am Anfang meines Neuseelandaufenthalts hatte mich Eva neugierig gemacht und ich hatte zu diesem Zeitpunkt schon beschlossen, diesen Kurs zu absolvieren.

Nun war es also soweit! Ich war aufgeregt, was mich da wohl erwarten würde. Zuerst einmal war der Tagesplan ziemlich straff – bei den Zeiten bin ich mir allerdings nicht mehr hundertprozentig sicher: Um 5 Uhr weckte uns der Gong; von 6 Uhr bis halb 8 Uhr war Frühmeditation, da konnte man wahlweise auch allein im Zimmer meditieren, dann gab es Frühstück bis viertel vor 9 Uhr und anschließend bis halb 10 Uhr „Freizeit", die man mit Wäschewaschen oder Spazierengehen auf dem Gelände des Zentrums verbringen konnte; von halb 10 Uhr bis 12 Uhr Morgenmeditation, vorgeschriebener Weise in der Halle, anschließend wurde Mittag gegessen (vegetarisch). Nachmittags versanken wir insgesamt 3 bis 4 Stunden in Meditation, davon eine Stunde mindestens in der Halle. Um 17 Uhr gab es für die Erstlinge – wie mich – ein Obstabendessen. Die Fortgeschrittenen durften dagegen nur noch Tee trinken. Danach folgte eine Stunde Videovortrag durch S. N. Goenka, den „Hauptlehrer" der Vipassana-Meditation, und in Folge noch einmal eine Stunde Abendmeditation. Um 10 Uhr abends war Zapfenstreich, das hieß Licht aus und Ruhe.

Meine erste Meditation

Meine erste Meditationsrunde begann mit einer Anapana-Meditation, das heißt, man konzentriert sich auf seine normale Atmung, immer auf die Atmung. Dabei soll man nichts denken, einfach nur auf die Atmung achten. Wenn die Gedanken abstumpfen oder abschweifen, hilft es, ein paar Mal tief durchzuatmen, dann wieder normal zu atmen und den Atem zu „beobachten". Man konzentriert sich auf den Bereich unter der Nase und über der Oberlippe und achtet dabei bewusst auf jedes Ein- und Ausatmen. Ab dem zweiten oder dritten Tag kam die Vipassana-Meditation dazu. Hierbei beobachtet man die Empfindungen seines Körpers, ohne diese zu bewerten, egal ob das gute, schlechte oder neutrale Gefühle sind. Zu Beginn nimmt man sich nacheinander einzelne Körperteile vor, später geht das vom Scheitel bis zur Zehe in einem durch.

Diese kurze Erklärung ist übrigens kein Meditationshandbuch. Wer die richtige Vipassana-Meditation erlernen will, soll das bitte in einem der Kurse machen. Es gibt auch Wochenendkurse, soweit ich weiß.

Der verflixte sechste Tag

Nun ja, soviel also zur Theorie. Die Praxis dagegen war schwierig. Sehr schwierig. Ich bin eigentlich ein Mensch, der gut mit sich allein sein kann, aber ich tue mir schwer damit, meine Gedanken auszuschalten, erst recht, wenn ich alleine bin. Einsam auf dem Zimmer zu meditieren, war also gar nichts für mich. Generell waren diese zehn Tage sehr schwer durchzuhalten. Der sechste Tag blieb allerdings als der schlimmste im Gedächtnis. Ich kann mich erinnern, dass ich sehr wütend wurde und alles hinterfragte: warum ich das hier eigentlich tat und was „der ganze Scheiß" sollte. Ich weiß noch, dass ich durch den Busch lief und vor mich hin zeterte. Das Reden war zwar verboten, auch mit sich selbst, aber das war mir in diesem Moment vollkommen egal, denn es musste einfach raus. Teilweise verspürte ich auch das unbändige Verlangen, etwas davon aufzuschreiben, was ich am siebten oder achten Tag auch tatsächlich tat.

Meditation war also wirklich schwer für mich, aber gleichzeitig auch wahnsinnig schön. Vor allem die Morgenmeditation hatte es mir angetan. Ich war zwar immer müde und musste darauf achten, nicht einzuschlafen, aber ich liebte den Sonnengruß, wie ich den kurzen Singsang am Ende der Frühmeditation gedanklich nannte. Genauso schön fühlte es sich an, als der Lehrer in der Videolehrstunde des sechsten Tages meinte: „Bei meiner ersten Vipassana-Meditation war der 6. Tag für mich der schwerste. Ich war so wütend!", und somit genau das erzählte, was ich an diesem Tag durchgemacht hatte. Ich erinnere mich rückblickend auch daran, dass das Meditieren ein paar Mal wirklich genauso klappte, wie der Lehrer es beschrieb. Und obwohl es immer hieß „gleichgültig beobachten", war das schon ein tolles Gefühl. Es hielten sich freilich nicht alle in den Meditationswochen an die Stille, denn zwei Opossums kämpften mitten in der Nacht auf unserer Terrasse miteinander und einem anderen Opossum stand ich eines Abends nach dem Zähneputzen Aug in Aug gegenüber.

Geschafft!

Am Ende des Meditationskurses war, ich einfach nur froh, dass es vorbei war und stolz, dass ich durchgehalten hatte. Ich habe in dieser Zeit viel über mich gelernt. Es war aufwühlend und anstrengend zugleich und man glaubt gar nicht, wie ermüdend „rumsitzen" sein kann. Es war aber auch interessant und lehrreich, denn ich habe für mich erfahren, dass Vipassana nicht mein Weg ist. Trotzdem kann ich jedem empfehlen, das mindestens einmal im Leben auszuprobieren, es ist ein echtes Erlebnis!

Noch einmal auf der Nordinsel unterwegs

Nächtliche Panikattacke in Auckland

Nach dem Meditationskurs fuhr ich für einen Tag zurück nach Auckland und habe den Fehler begangen, mir an diesem Abend „Black Swan" im Kino anzusehen. Nicht dass der Film schlecht war, nein eigentlich war er echt gut. Aber meine Gefühle lagen noch von der Meditation offen und der Film brachte mich dann noch mehr durcheinander. Die Folge war, dass ich abends im 5. Stock meines Hostels, dem Choize Plaza Backpackers, im Bett lag und eine Panikattacke bekam, weil ich den Gedanken nicht loswerden konnte, was geschehen würde, wenn jetzt in Auckland die Erde bebte. Es sei nur so viel gesagt: Ich habe diese Nacht im Internet surfend in der Lobby verbracht. Gott sei Dank ging es am nächsten Tag mit dem Flugzeug nach Wellington weiter. Dort hatte ich dann auch kein Problem mehr damit, im 3. Stock zu schlafen.

Im Auenland

Am 8. Februar besuchte ich meine dritte „Herr der Ringe"-Tour. Wir besichtigten verschiedene Filmsets in und um Wellington, unter anderem das Set, an dem die vier Hobbits im ersten Filmteil den Hügel runtergekullert waren, Sam, Merry und Pippin sich um die Pilze prügelten und Frodo den schwarzen Reiter spürte und die anderen von der Straße scheuchte. Diese Szene wurde übrigens auf dem Mount Victoria im Charles Plimmer Park gedreht, also mitten in Wellington. Außerdem stellten drei von uns einen der schwarzen Reiter nach, der auch im ersten Teil zu sehen ist.

Zwei Tour-Teilnehmer und ich als schwarzer Reiter.

Das Set für die Schlacht um die Hornburg in Helms Klamm wurde übrigens in einem Steinbruch aufgebaut, der heute immer noch benutzt wird. Regisseur Peter Jackson mietete ihn lediglich für die Dauer der Dreharbeiten. Die Szene, in der Gandalf und Saruman durch Isengard spazieren und die Situation besprechen, kurz bevor Gandalf gefangen genommen wird, wurde in einem Stadtpark in einem Vorort Wellingtons gedreht. Es ist schon interessant, wie viele öffentliche Plätze für die Dreharbeiten genutzt wurden. Auch diese Tour ist für Fans wärmstens zu empfehlen.

Den darauffolgenden Vormittag verbrachte ich entspannt an Wellingtons kleinem Stadtstrand und ging nachmittags in einen koreanischen Akrobatikzirkus, der gerade dort gastierte.

Bungee-Jumping

Als ich ganz zu Anfang in Neuseeland mit Vroni und Jan das erste Mal die Flusswanderung in Taupo gemacht habe und wir an dem dortigen Bungee-Jumping-Point vorbeikamen, sagte ich leichtsinnigerweise: „Probieren würd ich's ja schon mal gern. Aber wenn, dann nur hier und sicher nicht heute, dafür haben wir jetzt keine Zeit." Tja, und zum Ende meiner Reise dachte ich bei mir, jetzt hast du so viel erlebt und wahr gemacht, warum nicht auch das? Lange Rede kurzer Sinn, es ging am 10. Februar wieder nach Taupo zum Jumping Point. Leider war ich zu spät dran und sie hatten schon geschlossen. Ich hatte mir das jedoch jetzt in den Kopf gesetzt und deshalb wollte ich es auch durchziehen. Auch wenn mein Bus nach Rotorua schon am nächsten Mittag abfuhr, ich wollte vorher noch springen, und das habe ich dann auch getan. 47 Meter waren es, bei Weitem nicht die höchste Möglichkeit, aber jeder fängt mal klein an, nicht wahr?

Ich springe! (Quelle: Taupo Bungy: www.taupobungy.co.nz)

Zeitlich wurde es zwar tatsächlich etwas eng, aber dank der lieben Helfer beim Bungee-Point, die mich ins Hostel fuhren, und dem ganz, ganz lieben Hostelbesitzer, der mich zur Busstation brachte, schaffte ich auch noch meinen Anschluss nach Rotorua.

Hobbington

Das war im Übrigen auch gut so, denn ich hatte für den Nachmittag schon die Hobbington-Tour in Matamata gebucht. Es wäre echt ein Jammer gewesen, wenn ich die verschieben hätte müssen, denn ausfallen lassen kam gar nicht in Frage, schließlich sah inzwischen im Hobbit-Dorf fast alles wieder so aus wie während der Dreharbeiten. Das war echt super! Leider musste ich unterschreiben, dass ich keine Fotos veröffentliche, deshalb kann ich hier keine zeigen. Es war echt toll vor Beutelsend – dem Haus von Bilbo Beutlin – zu stehen und auf der kleinen Bank zu sitzen, auf der Gandalf und Bilbo ihre Pfeife rauchten. Ich hatte fast das Gefühl, die beiden würden neben mir sitzen. Wenn Hobbington auch nach den Dreharbeiten zum „Kleinen Hobbit" so bleibt, dann sollte das keiner verpassen, der die Filme kennt. Es ist so, als wäre man in Mittelerde angekommen.

Am nächsten Tag schaute ich mir noch eine Maori-Show im Mitai Maori Village (www.mitai.co.nz) an. Dort wurden erst verschiedene Maori-Tänze vorgeführt, anschließend gab es ein Hangi und einen Glowworm-Walk durch den Busch rund um den Marae, einem traditionellen Versammlungshaus eines Maori-Stammes. Ein Hangi ist übrigens ein traditionell zubereitetes Maori-Essen. Es wird im Boden über geothermalen Dampflöchern gegart und hat sehr gut geschmeckt. Obwohl das schon sehr touristisch anmutete, war es ein tolles Erlebnis und rundete mein Jahr in Neuseeland ab.

Die letzten Tage in Neuseeland

Valentinstag in Pahia

Am 14. Februar ging es noch zum totalen Chilaxen – ein Mix aus Chillen und Relaxen, in Neuseeland sehr gebräuchlich – zu Conny nach Pahia. Ich blieb dort im Hostel Pickled Parrot – keine Angst, da hat keiner einen Papagei ins Einmachglas gesteckt – etwas am Rand der Stadt und damit außerhalb der Partymeile. Ich wollte vor meiner Heimreise einfach noch ein paar ruhige Nächte verbringen.

Conny und ich in Pahia.

Tja, daraus wurde erst mal nichts, denn am 14. Februar ist bekanntlich Valentinstag. Und das ist in Neuseeland anscheinend nicht nur ein Feiertag für verliebte Paare, sondern besonders für Singles. Da geht auf den Valentinstags-Partys die Post ab.

Conny, eine Freundin von ihr und ich haben kräftig mitgefeiert und ich habe bei einem Gewinnspiel einen Fishing-Trip, eine Kajak-Tour, einen Parasailing-Flug, einen Fallschirmsprung und einmal freien Eintritt in einen Erlebnisgarten gewonnen. Ich musste dafür nur raten, ob die nächste Karte, die aufgedeckt wird, höher oder tiefer ist, als die vorherige. Dumm war nur, dass ich keine Zeit hatte, auch nur die Hälfte davon zu machen. Ich habe dann alle Gutscheine an Conny verschenkt. Bis auf den Parasailing-Gutschein, den Flug machten wir noch zusammen.

Es waren schöne, entspannte und lustige letzte Tage in Neuseeland, die ich definitiv nicht vergessen werde. Und ich wurde sogar noch ein bisschen braun.

Die letzte Nacht

Am 18. Februar fuhr ich mit dem Bus wieder zurück nach Auckland. Meine letzte Nacht in Neuseeland verbrachte ich ganz nobel in einem Hotelzimmer eines Holiday Inn. Es fühlte sich komisch an und ich war traurig dort wegzumüssen, der ganze Abend war ein wenig melancholisch. Als ich am nächsten Tag im Flugzeug saß, wurde das Gefühl noch schlimmer. Ich hatte in Neuseeland in ein Leben hineingeschnuppert, dass mich mit seiner – vielleicht vermeintlichen – Leichtigkeit geradezu magisch in seinen Bann gezogen hatte. Darüber hinaus lernte ich Menschen kennen, die mich verändert haben, allen voran Christina und Felix. Neuseeland selbst hatte mich verändert. Ein kleines Stück meines Herzens blieb dort zurück und ein wenig trauerte ich diesem Leben nach. Ich sah durch das Flugzeugfenster, wie das Land unter mir langsam immer kleiner wurde, bis es schließlich ganz aus meinem Sichtfeld verschwand. Als ich dann auf die Uhr sah und mir klar wurde, dass wir in Christchurch normalerweise um diese Zeit gerade mit unserer Arbeit im Coachman fertig waren, stiegen mir die Tränen in die Augen. Es kam mir vor, als ließe ich ein ganzes Leben hinter mir.

Kurzurlaub in Seoul

Gott sei Dank hatte ich noch eine Woche „Urlaub" in Seoul eingeplant, in der ich Rachel wiedersah und jede Menge nette Leute kennenlernte. Ich schlief dort in einem sehr netten Hostel namens Kim's Guest House. Das alles und Südkoreas interessante Kultur halfen, mich ein wenig von meinem Neuseelandheimweh abzulenken. Einen großen Stich ins Herz verpasste mir das schlimme Nachbeben in Christchurch, bei dem über hundert Menschen starben. Ich wusste, dass noch einige meiner Freunde in Christchurch waren, und mir wurde schlecht bei dem Gedanken, es könnte einen von ihnen erwischt haben. Gott sei Dank erreichte ich alle und es ging ihnen so gut, wie es einem eben gehen konnte nach so einem Erlebnis. Ich denke noch oft an meine Arbeitskollegen aus der Plastikfabrik und hoffe, dass auch sie so glimpflich davongekommen sind.

Tja, und dann war es soweit, am 27. Februar 2011, nach fast genau einem Jahr, kam ich wieder in Frankfurt an, meine Tante und mein Onkel holten mich vom Flughafen ab. Ich konnte bei Ihnen die ersten Tage verbringen, bevor es nach München zurückging. Dort kam ich im ersten Monat bei einem Freund unter, bis ich wieder etwas Eigenes gefunden hatte. Eines stand aber schon fest, bevor ich wieder deutschen Boden unter den Füßen hatte: Als Nächstes geht es nach Australien!

Hostelverzeichnis

Abel Tasman National Park

•Backhuts und Campingplätze auf dem Abel Tasman National Park Inland und Coast Track

Akaroa

•Chez la mer (www.chezlamer.co.nz)
•Athur's Pass
•The Sanctuary (www.thesanctuary.co.nz/)

Auckland

•Base ACB (www.stayatbase.com)
•City Garden Lodge (www.citygardenlodge.co.nz)
•Choice Plaza Backpackers (www.choiceplazabackpackers.com)

Christchurch

•Stonehurst (www.stonehurst.co.nz)
•Coachman Backpackers (www.coachmanbackpackers.co.nz leider nach dem schweren Nachbeben im Februar 2011 zerstört)
•Foley Towers (www.backpack.co.nz/foley.html)

Dunedin

•Hogwartz (www.hogwartz.co.nz)

Fox Glacier

•Hostelteil des Heartland Hotels in Fox Glacier (www.heartlandhotels.co.nz/)
•Ivory Towers (www.ivorytowerslodge.co.nz)

Hahei

•Hahei Holiday Resort (www.haheiholidays.co.nz)
•Fernbird (www.bbh.co.nz/hd56/Fernbird-Backpackers-in-Hahei-Beach-New-Zealand.html)

•Tatahi Lodge (www.tatahilodge.co.nz/)

Kaikoura

•Lazy Shag (www.bbh.co.nz/hd360/The-Lazy-Shag-Backpackers-in-Kaikoura-New-Zealand.html)

Kaitaia

•Mainstreet Lodge (www.mainstreetlodge.co.nz/)

Kaukapakapa

•Meditationszentrum (www.medini.dhamma.org)

Lake Tekapo

•Tailor-Made-Tekapo Backpackers (www.tailor-made-backpackers.co.nz)

Maketu

•Uncle Boy's Place (www.uncleboysplace.com)
•White Elephant (www.whiteelephant.co.nz)

Murchison

•Lazy Cow (lazycownz.wordpress.com)

Napier

•Wally's Backpackers (www.wallysbackpackers.co.nz/)

National Park

•Park Travellers' Lodge (www.npbp.co.nz)

Nelson

•Accents on the Park (www.accentsonthepark.com)
•Shortbread Cottage (www.shortbreadcottage.co.nz/)
•Bug Backpackers (www.thebug.co.nz)

New Plymouth

•Shoestring Backpackers (www.shoestring.co.nz)

Paihia

•Pickled Parrot (www.pickledparrot.co.nz)

Picton

•The Villa (www.thevilla.co.nz)

Plimmerton

•Moana Lodge (www.moanalodge.co.nz)

Punakaiki

•Punakaiki Beach Hostel (www.punakaikibeachhostel.co.nz)

Queenstown

•Scallywags Travellers Guesthouse (www.bbh.co.nz/hd264/Scallywags-Travellers-Guesthouse-Backpackers-in-Queenstown-New-Zealand.html)

Raglan

•Karioi Lodge (www.karioilodge.co.nz)

Rotorua

•Spa Lodge Backpackers (www.spalodge.co.nz/)
•Rotorua Central Backpackers (www.rotoruacentralbackpackers.co.nz/)

Seoul/ Südkorea

•Kim's Guesthouse (www.kimsguesthouse.com/eng/rate.html)

Takaka

•Annie's Nirvana Lodge (www.nirvanalodge.co.nz)

Taupo

•Taupo Urban Retreat (www.tur.co.nz)
•Tiki Lodge (www.tikilodge.co.nz)
•Rainbow Lodge Backpackers Retreat (www.rainbowlodge.co.nz)

Tauranga

•Just the Ducks Nuts Backpackers (www.justtheducksnuts.co.nz)

Te Anau

•Te Anau Lakefront Backpackers (www.teanaubackpackers.co.nz)

Tikitiki

•Eastender Backpackers (seit Juli 2012 leider geschlossen)

Waitomo

•Juno Hall Backpackers (www.junowaitomo.co.nz)

Wanaka

•Wanaka Bakpaka (www.wanakabakpaka.co.nz)

Wanganui

•Tamara Lodge (www.tamaralodge.com)

Wellington

•YHA Wellington City (www.yha.co.nz)

Westport

•TripInn (www.tripinn.co.nz/)

Whakatane

•Karibu Backpackers (www.karibubackpackers.co.nz)

Whangarei

•Whangarei Falls Backpackers (www.whangareifalls.co.nz/)

Bildnachweis

Alle Bilder innerhalb dieses Buches stammen von:

- Carolin Werner
- OpenStreetMap und Mitwirkende, CC BY-SA
- Spellbound Tours, Peter Chandler
- Taupo Bungy: www.taupobungy.co.nz